Martina Rühl

Glücksmomente

Martina Rühl

Glücksmomente

Heitere Geschichten, Gedichte und Rätsel
für Menschen mit Demenz

schlütersche

Die Autorin

Martina Rühl ist ausgebildete Pflegeassistentin und arbeitet seit vielen Jahren in der Betreuung und Alltagsbegleitung von Menschen mit Demenz.

Bibliografische Information der Deutschen Nationalbibliothek
Die Deutsche Nationalbibliothek verzeichnet diese Publikation in der Deutschen Nationalbibliografie; detaillierte bibliografische Daten sind im Internet über http://dnb.ddb.de abrufbar.

ISBN 978-3-8426-0834-4 (Print)
ISBN 978-3-8426-9057-8 (PDF)
ISBN 978-3-8426-9058-5 (EPUB)

Umschlaggestaltung: Kerker + Baum, Büro für Gestaltung GbR, Hannover
Titelbild: vectorfusionart – stock.adobe.com
Satz: PER MEDIEN & MARKETING GmbH, Braunschweig
Druck: Beltz Bad Langensalza GmbH, Bad Langensalza

Inhalt

Vorwort

Die humorvollen Gedichte und Geschichten in diesem Buch erleichtern Pflege- und Betreuungskräften sowie Angehörigen den Einstieg in ein Gespräch mit demenziell erkrankten Personen.

Es werden alltägliche Ereignisse beschrieben, die sich jedes Jahr aufs Neue wiederholen. So verfügen diese Begebenheiten über einen hohen Wiedererkennungswert für die Betroffenen. Eigene Erinnerungen werden geweckt, Diskussionen entfacht und Spaß und Freude verbreitet: Glücksmomente eben.

Durch die unterschiedlichen Themenbereiche und Längen können die Texte an die Aufmerksamkeitsspanne und die biografische Orientierung der Betroffenen angepasst werden. Die Texte eigenen sich sowohl zur Einzel- wie zur Gruppenaktivierung. Durch anschließende Fragen können die Inhalte vertieft werden, was aber oft gar nicht nötig ist. Denn viele Senioren beginnen von sich aus, zu erzählen und aus ihrem Leben zu berichten.

Durch Gedächtnistraining können noch vorhandene, kognitive Fähigkeiten und das Langzeitgedächtnis geschult werden. Dazu eignen sich die Sprichwortgeschichten und Bauernregeln. In ihnen kommen viele, alt bekannte Weisheiten vor, die von den Demenzbetroffenen gerne vervollständigt werden.

Bei den Rätseln geht es darum, Pflanzen und Tiere anhand von gezielten Fragen zu erkennen. Kognitive Kombinationsleistungen können auch mittels der Redewendungen und thematischen Wörter angestoßen werden.

Einige der Gedichte und Geschichten enthalten keine vorformulierten Aufforderungen oder Fragen. Sie eignen sich »nur« zum Vorlesen und für eine Aufheiterung zwischendurch. Selbstverständlich können sich Betreuungskräfte jedoch auch hier Fragen ausdenken und so tiefer in eine Aktivierung einsteigen.

Ich wünsche allen Pflege- und Betreuungskräften, Kollegen und Kolleginnen und Angehörigen viel Spaß und gesellige Stunden mit meinen Texten.

Dörentrup im März 2020 Martina Rühl

Frühling

Bauernregeln

... für den März

Märzenstaub und Märzenwind, guten Sommers Vorboten sind.
Ein feuchter März ist des Bauern Schmerz.
März nicht zu trocken und nass, füllt dem Bauern Scheune und Fass.
Ein heiterer März erfreut des Bauern Herz.
Gibt's im März viel Regen, bringt die Ernte wenig Segen.
Im Märzen kalt und Sonnenschein, wird's eine gute Ernte sein.
Gewitter im Märzen gehen dem Bauern zu Herzen.
Wenn im März noch viel Winde wehn, wird's im Maien warm und schön.
So viel der März an Nebeln macht, sooft im Juni Donner kracht.
Je größer der Staub im Märzen, desto schöner die Ernte der Erbsen.
Langer Schnee im März, bricht dem Korn das Herz.
Trockener März füllt den Keller.
Märzregen geht dürrem Sommer entgegen.

... für den April

April warm und nass, tanzt die Magd ums Butterfass.
Regen im April, jeder Bauer will.
Gibt's im April mehr Regen als Sonnenschein, wird warm und trocken der Juni sein.
Wenn der April stößt rau ins Horn, so steht es gut um Heu und Korn.
Gehst du im April bei Sonne aus, lass nie den Regenschirm zu Haus.
Bringt der April viel Regen, so deutet der auf Segen.
Trockener April stellt die Mühlen still.
Ist der April schön und rein, wird der Mai umso wilder sein.
Aprilwetter und Kartenglück wechselt jeden Augenblick.
April kalt und nass, füllt Scheuer und Fass.
Auf Aprilflöckchen folgen Maiglöckchen.
Aprilschnee bringt Gras und Klee.
Aprilsturm und Regenwucht, kündet Wein und goldne Frucht.
Bläst der April mit beiden Backen, gibt's viel zu jäten und zu hacken.
Ist der April zu schön, kann im Mai der Schnee noch wehn.
Stellt im April sich Regen ein, so hat man keinen Sonnenschein.
Wenn der April Spektakel macht, gibt's Heu und Korn in voller Pracht.
Der April macht, was er will.

... für den Mai

Wenn's Wetter gut am ersten Mai, gibt es viel und gutes Heu.
Fällt Reif am ersten Mai, bringt er im Feld viel Segen herbei.
Mairegen auf die Saaten, dann regnet es Dukaten.
Donner im Mai führt guten Wind herbei.
Ein kühler Mai wird hoch geacht', hat stets ein gutes Jahr gebracht.
Trockener Mai – Wehgeschrei, feuchter Mai bringt Glück herbei.
Donnert's im Mai recht viel, hat der Bauer ein gutes Spiel.
Maienfröste – unnütze Gäste.
Mairegen mild und warm, tut den Früchten keinen Harm.
Regen im Mai bringt Wohlstand und Heu.

Was ist es?

Blumen/Pflanzen

Es ist eine Blume aus der Familie der Korbblütler:

- Sie wendet sich immer dem Sonnenlicht zu.
- Sie verfolgt die Sonne von Ost nach West.
- Die Blume kann 1–2 m hoch werden.
- Sie hat einen rauhaarigen Stängel.
- Sie hat einen braunen Blütenkorb mit einem Durchmesser von 10–40 cm.
- Sie hat gelbe Zungenblüten, die ca. 6–10 cm lang sind.
- Die gerösteten Kerne der Blume waren früher ein Ersatz für Kaffee oder Trinkschokolade.
- Die Kerne werden für Backwaren genutzt.
- Vögel knabbern ihre Kerne sehr gerne.

- Die Blume wird seit dem 19. Jahrhundert als Ölpflanze genutzt.
- Man kann seinen Salat mit ihren Kernen und ihrem Öl verfeinern.

Lösung: die Sonnenblume

Es ist eine Pflanze, die fast auf der ganzen Welt vorkommt:

- Es ist eine krautige Pflanze.
- Sie kann zwischen 10–300 cm hoch werden.
- Ihr Blattrand ist gezähnt.
- Die grünen Pflanzenteile sind mit Brenn- und Borstenhaaren besetzt.
- Nach Hautkontakt mit den Blättern bilden sich schmerzhafte Quaddeln.
- Die Blätter lassen sich gefahrlos anfassen, wenn man sie von unten nach oben überstreicht.
- Die jungen Triebe können als Frühjahrsgemüse oder Salat gegessen werden.
- In der Landwirtschaft wird die Pflanze in das Futter von Küken, Ferkeln und Kälbern gemischt, damit sie schneller wachsen.
- Aus den Blättern wird auch ein Tee produziert

Lösung: die Brennessel

Es ist eine Pflanze aus der Familie der Korbblütler:

- Sie ist in ganz Europa heimisch.
- Sie ist verwandt mit Wildkräutern wie z. B. Löwenzahn.
- Sie blüht zwischen Mai und Oktober.
- Sie gilt als Heilpflanze bei Magen-und Darmbeschwerden und bei Entzündungen.
- Meistens kommt sie als Tee zum Einsatz.
- Sie wird zwischen 20–60 cm hoch.
- Die Pflanze hat einzelne gelbe Blütenköpfchen, die zusammen einen Blütenkorb bilden.
- Der gelbe Blütenkorb wird von weißen Blättern umgeben.

Lösung: die Kamille

Es ist eine Pflanze aus der Familie der Korbblütler:

- Sie wird 30–50 cm hoch.
- Sie hat einen aufrechten, wenig verzweigten Stängel.
- Sie blüht zwischen Juni und Oktober.
- Sie hat ein orangegelbes Blütenkörbchen.
- Sie hat orangegelbe Zungenblüten.
- Teile der Pflanze werden in der Heilkunde verwendet.
- Aus den zerkleinerten Blütenkörbchen oder den getrockneten Zungenblüten werden Teeaufgüsse, Tinkturen oder Salben hergestellt. Sie werden bei Hautentzündungen oder Ausschlägen angewendet.

Lösung: die Ringelblume

Die fleißige Hausfrau

Morgens steh' ich recht früh auf,
gleich beginnt des Tages Dauerlauf.
Kaffee kochen, Frühstück machen,
duschen, anziehen, Wäsche waschen.

Schnell die Kinderschar aufwecken,
ab ins Fenster mit den Decken,
Brote schmieren, Ranzen packen,
kurz noch mit dem Gatten schnacken.

Weiter geht's im Schweinsgalopp,
beeilt euch, Kinder, hopp, hopp, hopp!
Die Schule fängt um acht Uhr an,
das Leben ist nun mal kein Schlendrian.

Kaum sind Mann und Kinder aus dem Haus,
spül ich Geschirr und häng die Wäsche auf,
schnapp mir den Staubsauger, eins, zwei, drei,
ein sauberes Haus ist keine Hexerei.

Und auch das Bad soll sauber sein,
ich schrubbe Wanne und Waschbecken rein.
Schon wird es Zeit zum Essen kochen,
hab den Kindern Nudeln versprochen.

Für die Gesundheit mach ich einen Salatkopf an,
brate noch ein paar Spiegeleier, ganz spontan.
Am Nachmittag muss ich bügeln und Wäsche falten,
würde mir den Tag auch gern mal anders gestalten.

Schon wird für das Abendbrot der Tisch gedeckt,
die Familie mag's nun einmal sehr korrekt.
Als alle vor dem Fernseher die Füße hoch legen,
falle ich erschöpft in mein Bett, welch ein Segen.

So ein Hausfrauentag kann wirklich sehr anstrengend sein,
wie schön wären doch die Heinzelmännchen als Helferlein.
Dann könnte ich den ganzen Tag lesen, schlafen, Kaffee trinken
und würde nicht wie sonst üblich in Hausarbeit versinken.

Bitte stets freundlich

Als der kleine Lukas fünf Jahre alt war,
besuchte er Opa Franz und Oma Erika.
Er legte Wert auf ein Familienleben in Harmonie,
immer freundlich bleiben, lautete seine Strategie.

Damit war der Knirps bisher ganz gut gefahren,
konnte sich so eigenen Ärger meistens ersparen.
So war es dem Lukas ganz und gar nicht recht,
dass Oma Erika ging mit Opa Franz ins Wortgefecht.

Er stellte sich vor seine Oma und sprach:
»Oma, du weißt, ich bin allergisch gegen Streit
und Opa hat mich bereits in die Männergefühle eingeweiht.
So kann ich dir sagen, es bringt dir nichts ein, das zickig sein,
sonst wird es Opa nämlich auch noch obendrein.

Und wenn du wütend wirst und anfängst zu fauchen,
kannst du Opas schlechte Laune danach bestimmt nicht gebrauchen!
Dann zieht er sich nämlich zurück in sein Kämmerlein
und du bist ganz schnell am Ende mit deinem Latein.

Meinst du nicht auch, es wäre für uns alle gut sozusagen,
wenn du höflich versuchst, dich mit Opa zu vertragen?
Ein freundliches Lächeln, schau mal, wie ich es mach,
lässt alles vergessen, selbst den größten Krach!«

Die Heinzelmännchen

Ich hatte neulich einen wunderschönen Traum,
was ich dort sah, ich glaubte es kaum:
Zehn Heinzelmännchen schlichen leise rein und raus
und arbeiteten sich fleißig durch mein ganzes Haus.

Der Erste spülte das Geschirr blitzeblank
und stellte es ganz vorsichtig in den Küchenschrank.
Ein anderer schüttelte die Kissen und Decken aus Daunen,
ich sah ihm dabei zu und konnte nur staunen.

Der dritte Heinzelmann schrubbte das Bad,
schillernd glänzende Kacheln waren das Resultat.
Und ganz leise trugen zwei Heinzelmännchen an mir vorbei,
die Teppiche nach draußen zum Klopfen, ohne Rempelei.

Der Sechste fegte auf den Böden den Schmutz zusammen,
so viel Fleiß ließ mein Herz fast entflammen.

Nebenan sah ich den siebten Heinzelmann die Fenster putzen,
sie waren mir allesamt wirklich von allergrößtem Nutzen.

Der Achte stand am Herd und kochte für meine Truppe,
aus vielerlei Gemüse eine köstliche Suppe.
Und draußen an der Wäscheleine sah ich den neunten Heinzelmann,
er klammerte frisch gewaschene Wäsche an die Leine an.

Zum guten Schluss brachte der Zehnte mir auf einem Tablett,
Brötchen mit Marmelade und einen Kaffee ans Bett.
Gerade als ich dachte: Das schmeckt sicher lecker,
klingelte zu allem Überfluss laut kreischend mein Wecker.

Er war zu schön, um wahr zu sein,
der Traum von meinen fleißigen Helferlein.
Wer wünscht sich die Heinzelmännchen nicht,
die spät abends erscheinen zur Sonderschicht
und während alle anderen selig schlafen und träumen,
in der ganzen Wohnung putzen, polieren und räumen?

Fragen

- Welche Hausarbeiten haben Sie früher gerne verrichtet?
- Welche mochten Sie nicht?
- Haben Sie sich die anfallenden Arbeiten zu Hause in der Familie aufgeteilt? Wer war wofür zuständig?

Familienbande

Der kleine Enkel sprach zur Großmama:
»Zum Glück bin ich jetzt für dich da!
Du kannst dich jederzeit an mich wenden,
musst keinen Gedanken an Fremde verschwenden.

Wenn du in Not bist, bin ich da,
ich rette dich, das ist doch klar!
Du musst dafür auch gar nichts zahlen,
ich helfe dir gratis, ohne zu prahlen.

Auch wenn ich bin noch ein kleiner Knabe,
ist es wahr, dass ich schon begriffen habe,
dass das höchste Gut auf unsrer schönen Erden,
ist, seine Familie zu lieben und geliebt zu werden!«

Rund um die Freude ...

Redewendungen

Die Freude findest du nicht auf deinem Bankkonto mit großem Guthaben, du findest sie auch nicht in den Palästen aus Marmor, aber in den Augen der Menschen, denen du eine Freude bereitest.
Es ist die größte Freude, freundlichen Menschen beim Lachen zuzuhören.
Freu dich an den kleinen Dingen des Lebens, das Warten auf den Lottogewinn ist oft vergebens.
Freude im Herzen vertreibt alle Schmerzen.
Freude ist ein Geschenk des Lebens und der Liebe.

Freude – die höchste Form der Zufriedenheit und die freundlichste dazu.
Freue dich täglich an der Natur, die das grüne Gras, die roten Rosen, den gelben Löwenzahn und den blauen Enzian wachsen lässt.
Glück ist Freude, Freude ist Glück.
Gute Freunde und Freude gehören zusammen.
Möge die Freude alle Jahre und Tage immer dein Begleiter sein.
Wenn du anderen Freude schenkst, kommt sie auch zu dir zurück. Doch nicht so wie du denkst, sie blüht für dich als neues Glück.

Wörter

- Freudenausbruch
- Freudentaumel
- freudestrahlend
- freudig
- voll Freude, freudevoll
- erfreut
- erfreulich
- freudenreich
- sich freuen
- sich erfreuen
- jemandem eine Freude bereiten
- Freude haben

Geld regiert die Welt

> ***Tipp***
> Greifen Sie das Thema Geld auf und sammeln Sie im Gespräch Erinnerungen und Vorschläge , wofür sich das Geldausgeben lohnt bzw. gelohnt hat.

Das Geld, so sagt man, das liebe Geld,
ist stets vonnöten und regiert die Welt.
Nichts geht ohne Kröten, Mäuse und Peseten,
alles kostet Groschen, Taler, Piepen und Moneten.

Egal, ob Brot, Butter, Tee, Kaffee oder Kuchen,
ob schöne Kleidung oder Schuhe du mal willst versuchen,
alles kostet Zaster, Pinke-pinke oder Knete,
ohne Kies gibt's nicht einmal die kleinste Fete.

Doch bekommen wir auf unserer schönen Welt,
auf der uns die wärmende Sonne jeden Tag erhellt,
noch etwas, das man nicht bezahlen muss,
das trotzdem glücklich macht zum Schluss?

Du brauchst dafür weder Schotter noch Penunzen oder Moos,
du kannst es bekommen und an andere verschenken völlig kostenlos.
Das warme Gefühl in deinem Herzen, das man Liebe nennt,
ist der wahre Reichtum und kostet dich keinen einzigen Cent!

Die Schulstunde

Aus meiner Schulzeit erinnere ich mich an eine Anekdote,
die damals beinahe meine Versetzung bedrohte.
Ich war in Englisch und Deutsch wirklich recht gut,
dafür entfachte Erdkunde in mir so gar keine Glut.
Und genau in diesem Fach wurde zu Anfang jeder Stunde,
ein Schüler aufgerufen, was für eine Schrecksekunde!

Der musste dem Lehrer dann Rede und Antwort stehen,
dem Thema der letzten Stunde konnte niemand entgehen.
Eines Tages war auch ich an der Reihe,
war wie gesagt kein Profi, sondern nur Laie.
Der Lehrer fing an, mich seltsame Dinge zu fragen,
ich dachte nach, konnte ihm die Antwort nicht sagen.

Er stellte die nächste Frage und auch von der,
hatte ich tatsächlich nichts gehört bis hierher.
Auch aus der dritten Frage war mir nichts bekannt,
ich fühlte mich schrecklich, fast wie ein Dilettant.
Bei der vierten Frage lief ich dunkelrot an,
hielt mich selbst für den absoluten Blödian.

Ich gab mir selbst im Stillen das Versprechen,
den Erfordernissen der Schule künftig zu entsprechen.
Der Lehrer schrieb angesichts der schlechten Trefferquote
hinter meinen Namen eine dicke sechs als Note.
Und erst zu Hause fiel mir siedend heiß ein,
dass mich plagte in der vorigen Woche manch Zipperlein.

So ging ich am nächsten Tag zu dem Lehrer und sprach:
»Das, was ich Ihnen jetzt sage, ist für mich eine Schmach!

Ich weiß heute genau, warum ich gestern nichts wusste,
ich hab gefehlt letzte Woche, litt unter starkem Gehuste!
Doch das war mir leider entfallen, bin ja nicht mehr so jung
und bitte Sie hiermit in aller Form um Entschuldigung!«

Der Lehrer schaute mich an, seine Augen quollen fast raus,
ich dachte: Das war zu viel, jetzt flippt er gleich aus!
Doch er holte tief Luft und sagte zu mir:
»Die sechs steht in meinem Büchlein fett auf dem Papier,
doch ich will dir glauben und werde sie wieder streichen,
wenn mich von dir sachkundige Worte erreichen!«

Was für ein Glück, ich konnte es kaum fassen,
dass er sich auf meine Entschuldigung hat eingelassen.
Von da an bemühte ich mich wirklich sehr,
war nach jeder Stunde schlauer als vorher
und hatte aus dieser Sache eines gelernt,
nämlich, dass ehrlich tatsächlich am längsten währt!

Von Ostern bis Pfingsten

»Weißt du, was ich mir zu Ostern wünsche, Oma?«, fragte die kleine Lea. »Ein rotes Fahrrad mit Fahrradtasche, Trinkflaschenhalter und einen roten Helm. Meiner ist nämlich blau und der passt ja dann nicht zu meinem Rad! In meiner Klasse haben alle ein neues Rad, nur ich nicht!«

Sophia sah ihre Enkelin betroffen an. »Lea-Kind«, sagte sie ernst. »Das sind ja Wünsche, wie man sie vielleicht zum Geburtstag haben kann, aber doch nicht zu Ostern! Wo soll das denn noch hinführen? Früher waren wir schon glücklich, wenn wir einen Schokoladenhasen oder gefärbte Eier bekamen.«

»Das war eben früher, Oma!«, brummelte Lea. »Jetzt ist nun mal eine andere Zeit!«

»Da hast du Recht, es ist eine andere Zeit und es hat sich sehr viel verändert, manches zum Guten, manches leider auch zum Schlechten. Aber der Sinn von Ostern ist derselbe geblieben. Kannst du ihn mir sagen?«, fragte Sophia.

Lea schüttelte den Kopf und so begann Sophia zu erzählen: »Du kennst doch den Aschermittwoch, Lea, der Tag, an dem die Karnevalszeit beendet wird.« Lea nickte. »Das ist der Beginn des sogenannten österlichen Festkreises. Diesem Tag folgt im Christentum eine 40-tägige Fastenzeit, die an die 40 Tage erinnern soll, die Jesus in der Wüste fastete und betete.«

»Du meinst, Jesus hatte 40 Tage nichts zu essen?«, fragte Lea erschrocken. Sophia nickte. »Sollen wir jetzt etwa auch 40 Tage nichts essen?«, wollte Lea nun wissen.

Sophia lächelte ihre Enkelin beruhigend an und erzählte weiter. »Nein, nein, wir dürfen schon essen, aber es ist nicht verkehrt, wenn man mal eine Zeit lang auf Süßigkeiten, Kaffee, Kuchen, seinen Lieblingstee, Alkohol oder etwa Zigaretten verzichtet. Eben die Sachen, die man sonst gerne mag, mal 40 Tage bewusst weg zu lassen.« Lea schaute ihre Oma nachdenklich an. »Okay, dann versuche ich jetzt mal bis Ostern keine Gummibärchen zu naschen und keinen Schokopudding!«, erklärte das Mädchen entschlossen.

Sophia lächelte. »Die letzte Woche vor dem Ostersonntag, die sogenannte Karwoche, beginnt mit dem Palmsonntag. An diesem Tag feiern die Christen den Einzug Jesu in Jerusalem. Am darauffolgenden Donnerstag, der Gründonnerstag genannt wird, feierte Jesu damals das letzte Abendmahl mit seinen Jüngern. Weißt du übrigens, wie wir uns früher in dem kleinen Dorf, in dem ich aufgewachsen bin, auf das Osterfest vorbereitet haben? Wir haben alle gemeinsam unsere Kirche geputzt und gewienert, haben sozusagen einen richtigen Frühjahrsputz vorgenommen, damit sie zu Ostern, dem höchsten Fest der Christen, in neuem Glanz erstrahlte.«

Sophia lächelte gedankenversunken bei dieser Erinnerung und sprach dann weiter: »So, nach dem Gründonnerstag kommt der Karfreitag. An diesem Tag wird des Todes Jesu am Kreuz gedacht. Es ist also ein eher ernster Feiertag, wenn man das so sagen kann. Der darauffolgende Samstag ist dann der Karsamstag, der zum einen für die Grabesruhe steht und zum anderen ist es der letzte der 40 Fastentage. Und nun kommt, wie ich finde, der schönste Tag, nämlich der Ostersonntag. Das ist der Tag, an dem die Auferstehung Jesu von den Toten gefeiert wird und an dem die österliche Freudenzeit beginnt, die 50 Tage bis Pfingsten dauert.«

Lea hatte ihrer Oma wissbegierig zugehört und dachte nach: »Ja, der Ostersonntag gefällt mir auch am besten. Der arme Jesus, das ist ja schlimm, was der alles mitmachen musste.« »Da hast du wohl recht!«, stimmte Sophia ihrer Enkelin zu.

»Aber warum versteckt man zu Ostern denn nun Eier? Das verstehe ich nicht!«, sagte Lea nachdenklich.

»Ich glaube, das weiß niemand so ganz genau. Eier gehörten jedenfalls schon immer zu Ostern dazu. Ich habe mal gelesen, dass das Küken im Ei in der christlichen Kirche den Triumph des Lebens über den Tod bedeutet und somit an die Auferstehung Jesu Christi erinnert. Es könnte aber auch sein, dass die Menschen früher die Eier, die in der Fastenzeit gelegt wurden, hartgekocht haben, um sie haltbar zu machen und sie am Ostersonntag dann zu essen und zu verschenken. Heute gibt es ja Eier aus Schokolade, die mit Nougat, Marzipan, Eierlikör oder ähnlichem gefüllt sind. Auf jeden Fall soll durch das Schmücken der Zweige mit hübsch dekorierten Eiern und mit dem Brauch, Eier und Süßigkeiten für Kinder zu verstecken, die große Freude über die Auferstehung Jesu Christi ausgedrückt werden.«

Lea schaute ihre Oma stumm an und schien nachzudenken.

»Kannst du dir vorstellen, womit die Menschen in früheren Zeiten, als es die fertigen Eierfarben noch nicht gab, die Eier gefärbt haben?«, fragte Sophia. Lea schüttelte den Kopf. »Keine Ahnung!«, sagte sie mit einem Schulterzucken.

»Im Mittelalter wickelten reichere Leute Eier in Blattgold, ärmere kochten sie mit Blättern und Blüten verschiedener Blumen, um sie zu färben. Ich erinnere mich noch daran, dass meine Mutter damals Eier in Rote Beete-Saft kochte, um sie rot zu färben und in Zwiebelschalen, um sie bräunlich zu bekommen. Na ja, wie auch immer, nun kennst du den eigentlichen Sinn des Osterfestes, Lea-Kind! Es hat überhaupt nichts damit zu tun, große, wertvolle Dinge zu verschenken oder sich solche zu wünschen. Ich persönlich fände es toll, wenn die Kinder sich wieder wie früher über gefärbte Eier und ein paar Süßigkeiten freuen könnten und die Geschichte von Jesus Christus im Hinterkopf behalten würden. Das macht einen nämlich auch dankbar für die kleinen Freuden des Lebens und ein wenig demütig.«

Lea schaute ihre Oma an. »Weißt du was, Oma?«, fragte Lea. »Du hast doch gesagt, man soll auf etwas verzichten, was man gerne mag. Da reichen vielleicht Gummibärchen und Schokoladenpudding nicht aus. Was hältst du davon, wenn ich auch noch auf mein rotes Fahrrad verzichte, dass ich mir eigentlich wünschen wollte. Dann warte ich damit eben bis zu meinem Geburtstag.« Sophia nahm ihre Enkelin in den Arm und sagte: »Das finde ich toll, Kind. Das ist wirklich eine großartige Idee!« Oma und Enkelin hielten sich einen Moment schweigend aneinander fest.

Sophia löste sich als erste aus der Umarmung und sagte: »Um den Osterfestkreis zu schließen, wird übrigens am 50. Tag nach dem Ostersonntag das Pfingstfest gefeiert. An dem Tag wird das von Jesus Christus angekündigte Kommen des Heiligen Geistes zelebriert und gleichzeitig bedeutet Pfingsten den feierlichen Abschluss der Osterzeit. Im nächsten Jahr beginnt der Kreis dann wieder mit dem Aschermittwoch.«

»So hab ich das noch nie gesehen!«, sagte Lea. »Dieses Jahr werde ich mich viel mehr über die Eier und Süßigkeiten freuen als sonst. Und ich werde dabei an den armen Jesus denken. Und ich werde mir zu Ostern nicht mehr solch große Sachen wie ein Fahrrad wünschen!«

Sophia bedachte ihre Enkelin mit einem liebevollen Blick und strich ihr sanft über den Kopf.

Fragen

- Erinnern Sie sich daran, womit in Ihrer Kindheit die Eier zu Ostern gefärbt wurden?
- Haben Sie schon mal Eier ausgepustet und diese dann als Osterschmuck angemalt oder verziert?
- Auf was haben Sie schon einmal während der Fastenzeit verzichtet?

Der Maibaum

Morgen ist der 1. Mai, auf dem Dorfplatz steht ein großes Zelt,
denn heute wird nach alter Tradition der Maibaum aufgestellt.
Wir haben ihn geschmückt mit Tannengrün und bunten Girlanden
und einem gebundenen Kranz, der die Baumspitze umrandet.

Mit viel Trara und Tamtam läuft die Blaskapelle durch den Ort,
das Tragen des Maibaums ist für die Jungen ein willkommener Sport.
Jeder will dabei sein, keiner mag es verpassen,
so ist es, wenn die Leute vom Dorf mal losgelassen.

Endlich angekommen wird der Maibaum mit Seilen aufgerichtet,
der ganze Ort ist extra dafür geschmückt und festlich belichtet.
Es stehen Buden bereit mit Bratwurst und Bier,
heut bleibt niemand im Haus, heut sind alle hier!

Und nach den üblichen Feierlichkeiten,
lassen die Damen sich von den Herren ins Zelt begleiten,
dort wird geschwoft bis in den Maienmorgen,
vergessen sind heut Kummer und Sorgen.

Im letzten Jahr war uns allerdings gar nicht zum Johlen,
da haben uns Burschen aus dem Nachbarort den Maibaum gestohlen.
Wir mussten ihn auslösen mit jeder Menge Schnaps und Bier,
erst danach stand er wieder am richtigen Ort, nämlich hier.
Das wird uns nicht nochmal passieren, so eine Schmach,
in diesem Jahr haben wir den Maibaum mit Argusaugen bewacht!

Alles neu macht der Mai

> ***Tipp***
> Die folgende Geschichte enthält eine Fülle von alten Sprichwörtern und Redewendungen, die Senioren gut ergänzen können.

»Es regnet schon wieder!«, sagte Ulla zu ihrer Freundin Moni. »Schau dir mal die dunklen Wolken an! Es stimmt wirklich, *der April macht, ...was er will!*«

»Ich koche uns jetzt eine Tasse Tee und dann machen wir es uns gemütlich«, bot Moni an. »Noch ein paar Tage, dann ist der April vorbei. Wie heißt es doch noch? *Alles neu ... macht der Mai! Also, die Hoffnung ... stirbt zuletzt.*«

Gerade, als es sich Ulla und Moni auf dem Sofa bequem gemacht hatten, klingelte es an der Haustür. Im selben Augenblick erhellte ein Blitz das Zimmer, dem ein lautes Donnern folgte. Moni eilte zur Tür und ließ zwei weitere Freundinnen herein. Birgit und Paula waren zu einem Spaziergang aufgebrochen und gerade in der Nähe von Monis Haus, als sie in den plötzlichen Regen und das Gewitter gerieten.

»Meine Oma sagte bei Gewitter immer: *Buchen sollst du suchen, … Eichen sollst du weichen!* Aber das gilt ja heute nicht mehr. So sind wir bei dir gelandet, um Schutz zu finden, Moni!«, sagte Birgit.

»Kommt rein und zieht eure Jacken und Schuhe aus!«, sagte Moni. »Ich habe gerade Tee gemacht.«

Als Ulla die zwei Freundinnen sah, musste sie lachen und sagte: *»Fünf sind geladen, zehn sind gekommen, … tu Wasser zur Suppe und heiß alle willkommen!«*

Die vier Freundinnen hatten sich viel zu erzählen und so war das schlechte Wetter bald vergessen.

»Habt ihr schon von Oma Wiebesiek gehört?«, fragte Birgit in die Runde. »Die soll auf ihre alten Tage noch mal umziehen, zu ihrer Tochter. Dabei sagt man doch, *einen alten Baum … verpflanzt man nicht?*«

»Ach«, sagte Paula. *»Da liegt also der Hund … begraben.* Ich hab beim Bäcker so was läuten gehört, hatte es aber nicht ganz verstanden.«

»*Der Lauscher an der Wand, … hört seine eigene Schand!*«, sagte Ulla. »Was die Leute immer alles wissen. Vielleicht gefällt es der Oma Wiebesiek ja ganz gut, wenn sie nicht mehr so viel alleine ist. *Ein Weg entsteht, … wenn man ihn geht!*«

»Sag mal, Ulla«, meinte Paula. »Warst du nicht mal in den Sohn von Oma Wiebesiek verliebt, den Klaus? Man sagt doch: *Alte Liebe welket nicht, … auch wenn sie dir das Herze bricht!*«

Ulla winkte ab: »*Aus den Augen, … aus dem Sinn!* Der ist doch damals ausgewandert und soll sein großes Geld gemacht haben. *Warum ernten eigentlich die dümmsten Bauern immer … die dicksten Kartoffeln?*«

»*Den Seinen gibt's der Herr … im Schlaf!*«, mischte Moni sich ein.

»Wisst ihr noch, wie ulkig der Klaus damals mit seiner Dauerwelle ausgesehen hat?«, fragte Birgit. Das war doch mal ›modern‹ und alle haben sich kaputt gelacht!«

»Kein Wunder, meinte Paula, »*der erste Eindruck … zählt!* Das hat er aber auch nur einmal und nie wieder gemacht. Jaja, *aus Schaden … wird man klug*! Er musste eben alles ausprobieren. *Kleine Kinder spielen gern, … große noch viel lieber!* So ist das Leben!«

»Das Gewitter ist vorbei!«, warf Paula ein. »Lass uns weiter marschieren, Birgit, bevor es vielleicht wieder losgeht!« Moni lachte. »Ja, ja, *am Abend wird der Faule … fleißig.*«

Die vier Freundinnen verabschiedeten sich voneinander.

»Kommt gut nach Hause, ihr zwei«, rief Ulla Birgit und Paula nach. »Und fallt im Dunkeln nicht auf die Nase. Ihr wisst ja, *im Falle eines Falles, … ist richtig fallen alles!*«

Das Band der Liebe

Es ist überall da auf der Welt, wo Liebende sind,
es besteht zwischen Mutter und Kind.

Auch zwischen Frau und Mann kann es sein,
innerhalb der Familie zwischen Groß und Klein.

Es verbindet Generationen, also Jung und Alt,
man sieht es nicht, denn es hat keine Gestalt.

Es ist dehnbar von der Erde bis zum Mond und zurück,
es sorgt bei vielen Erdenbürgern für großes Glück.

Es ist noch da, auch wenn ein geliebtes Wesen fort ist,
es reißt nicht ab, egal, wo immer du gerade bist.

Es hat zwischen vielen Seelen das ganze Leben und länger Bestand,
das unvergängliche, immerwährende Liebesband.

Rund um die Liebe ...

Redewendungen

Der Liebe ist kein Weg zu weit.
Die Liebe findet dich immer, egal wie gut du dich versteckst.
Gegen Liebe auf den ersten Blick hilft meist ein zweiter.
Alte Liebe rostet nicht.
Die Zeit vergeht – die Liebe bleibt.
Durch die Ferne wächst die Liebe.
In der Liebe ziehen sich Gegensätze an.
Liebe macht blind.
Braune Augen sind gefährlich, aber in der Liebe ehrlich.
Wer Liebe sät, wird Freude ernten.
Pech im Spiel, Glück in der Liebe.
Liebe geht durch den Magen.
Gelegenheit macht Liebe.

Wörter

- Lieb
- lieben
- liebäugeln
- Liebchen
- liebebedürftig
- Liebelei
- liebenswert
- liebenswürdig
- lieber
- Liebesabenteuer
- Liebesdienst
- Liebesgeschichte
- Liebespaar
- liebevoll
- liebgewinnen
- liebhaben
- Liebhaber / Liebhaberin
- liebkosen
- lieblich
- Lieblichkeit
- Liebling
- Lieblingsbeschäftigung
- Lieblingsspeise
- Liebschaft
- Liebste / Liebster

Der kleine Chinese

> ***Wichtig***
> Die folgende Geschichte ist nur etwas für Senioren, die in der Lage sind »zwischen den Zeilen zu lesen«, denn nur so kann der Witz der Geschichte verstanden werden!

Einst lebten vier Geschwister in einem Städtchen,
es waren zwei Jungs und zwei Mädchen.
Der Jüngste wurde geschickt, eine Zeitung zu holen,
die Älteren lasen ihm vor und erzählten Räuberpistolen.

Sie sagten: »Du glaubst es nicht, was in dieser Zeitung steht,
es kann doch nicht wahr sein, dass es um dich, unseren kleinen Bruder geht!
Nein wirklich, hier steht es schwarz auf weiß, was du eigentlich bist,
hier steht geschrieben, dass jedes vierte Kind ein Chinese ist.

Wir können es nicht ändern, so leid uns das für dich auch tut,
bis vier zählen können wir wahrhaftig mehr als gut.
Du bist und bleibst der Vierte in unserem Geschwisterbunde,
als deutsches Chinesenkind bist du sicher bald berühmt und in aller Munde!«

Sommer

Bauernregeln

... für den Juni

Juniregen und Brauttränen dauern so lange wie Gähnen.
Juni, mehr trocken als nass, füllt mit gutem Wein das Fass.
Durch Juniwind aus Norden ist noch nichts verdorben worden.
Wenn im Juni Nordwind weht, das Korn zur Ernte trefflich steht.
Bläst der Juni ins Donnerhorn, so bläst er ins Land das gute Korn.
Juni nass – viel Bodengras.
Soll Feld und Garten wohl gedeihn, dann braucht's im Juni Sonnenschein.
Mensch und Juniwind ändern sich geschwind.
Wenn der Juni kühl und trocken, gibt's was in die Milch zu brocken.
Kälte im Juni verdirbt, was Nässe im Mai erwirbt.
Fällt Juniregen in den Roggen, so bleibt der Weizen auch nicht trocken.
Kalter Juniregen, bringt Wein und Honig keinen Segen.
Soll gedeihen Korn und Wein, muss im Juni Wärme sein.
Was es in die Rosen regnet, wird den Feldern mehr gesegnet.
Ist der Juni warm und nass, haben Bauer und Gärtner Spaß.
Juniregen – reicher Segen.

... für den Juli

Nur in der Juliglut gedeihen Wein und Getreide gut.
Wenn's im Juli regnet, man viel giftigem Mehltau begegnet.
Juli heiß lohnt Müh und Schweiß.
Wenn im Juli das Vieh nicht schwitzt, es im August oft donnert und blitzt.
Nur in der Juliglut wird Obst und Wein dir gut.
So golden die Sonne im Juli strahlt, so golden sich der Roggen mahlt.
Im Juli will der Bauer lieber schwitzen als untätig hinter'm Ofen sitzen.
Fällt im staubigen Juli zeitig Regen, ist's für Natur von reichem Segen.
Hagelt's im Juli und August, ist's aus mit des Bauern Freud und Lust.
Im Juli warmer Sonnenschein, macht alle Früchte reif und fein.
Wettert der Juli mit großem Zorn, bringt er dafür reichlich Korn.
Juliregen nimmt den Erntesegen.
Julisonne treibt den Wein ins Fass, jeder Bauer merkt sich das.
Im Juli den Regen entbehren zu müssen, das hilft zu kräftigen Kernen in den Nüssen.
Bringt der Juli heiße Glut, so gerät der September gut.
Regnet's zum Juli hinaus, guckt der Bauer nicht gern aus dem Haus.

… für den August

Wenn's im August aus Norden weht, beständiges Wetter vor dir steht.

Ist's in der ersten Augustwoche heiß, so bleibt der Winter lange weiß.

Stürmt es im August, gibt's weder Wein noch Most.

Es pflegt im August beim ersten Regen die Hitze sich zu legen.

Fängt der August mit Donnern an, er's bis zum End nicht lassen kann.

Stellt im August sich Regen ein, so regnet's Honig und guten Wein.

Wenn's im August nicht regnet, ist der Winter mit Schnee gesegnet.

Immer eitel Sonnenschein kann auch im August nicht sein.

Weht im August der Wind aus Nord, ziehen die Schwalben noch lange nicht fort.

Dem August sind Donner nicht Schande, sie nützen der Luft und dem Lande.

Ist der Nordwind im August nicht selten, so soll er schönem Wetter gelten.

Augustregen wirkt wie Gift, wenn er die reifenden Trauben trifft.

Augustsonne, die schon sehr früh brennt, nimmt nachmittags kein gutes End.

Im August wenig Regen kommt dem Bauern gelegen.

Ein trockner August des Bauern Lust.

Was ich mal werden will ...

Auf einer alten Mauer am Dorfesrand,
saßen zwei kleine Jungen und sprachen entspannt
über das Leben und was es ihnen noch bringt
und wie ihnen als Mann das Berufsleben gelingt.
Um späteren Stress um die Berufswahl zu vermeiden,
wollten sie sich schon jetzt für einen Beruf entscheiden.

»Für mich«, sagte der Tom. »wäre vielleicht Wandanstreicher was,
du weißt doch, das Malen macht mir sehr viel Spaß.
Dann male ich halt auf meine Art und Weise,
den Leuten an die Wände bunte Streifen und Kreise.«

»Das ist gut«, sprach der Tim, »aber wir müssen auch bedenken,
es kostet alles viel Geld, niemand wird uns was schenken.
Außerdem werden wir ja im Laufe der Jahre nicht jünger,
ich glaube, ich werde mal Lampenanbringer!«

»Du hast recht, die Zeit drängt«, sagte der Tom zum Tim,
wir sollten sie nicht verplempern mit lauter Klimbim,
eigentlich wusste ich es schon immer insgeheim,
für mich wird der Beruf als Baumsäger der richtige sein!«

Der Tim stimmte ihm zu und sprach:
»Du kennst doch hinter der alten Kirche das große Feld,
ich glaube, damit macht der Bauer jede Menge Geld.
Vielleicht sollte ich besser Erdbeerpflücker werden,
die sprießen da nämlich wie Ameisen aus der Erde«

Tom nickte und fragte: »Warum sind wir zwei eigentlich so bescheiden?
Wir können uns doch noch für einen Nebenjob entscheiden.
Lass uns Mäusezüchter werden, dann sterben sie wenigstens nicht aus.
Damit kommen wir beide sicherlich ganz groß raus!«

Fragen

- Welche Berufe wollten Sie als Kind erlernen?
- Haben Sie einen der Berufe tatsächlich ergriffen?
- Welchen Beruf würden Sie heutzutage gerne ausüben?

Finde die Tiere (1)

Übung
Die folgende Geschichte ist eine ideale Gruppenübung mit ein wenig »Wettkampfcharakter«. Denn aufmerksame Zuhörer rufen »Stopp«, wenn im Text ein Tier genannt wird und nennen es noch einmal laut.

Der Fischer
In einem kleinen Dorf am Meer lebte der Fischer Eberhard mit seiner Frau Irmtraud. Eberhard wollte unbedingt einen eigenen Kutter besitzen, mit dem er raus fahren und **Fische** und **Krabben** fangen konnte, wann immer er wollte. Am liebsten würde er auch auf dem Kutter wohnen und es sich und seiner Irmi unter Deck richtig gemütlich einrichten. Auch mit einer kleinen Kombüse, in der Irmtraud die gefangenen **Schollen**, **Seelachse** und **Rotbarsche** zu einer köstlichen Mahlzeit verarbeiten konnte.

Endlich war es so weit. Eberhard und Irmtraud schauten sich einen Kutter an, der zu verkaufen war.
Eberhard sagte: »Glaub mir, Irmi, so einen dicken **Fisch** hatten wir noch nie an der Angel. Schau ihn dir an, der Kutter ist sehr gut in Schuss, da laust mich doch der **Affe**!«

Irmi sagte skeptisch: »Ich weiß nicht recht, ich fühle mich gerade wie ein **Fisch** auf dem Trockenen, du musst dich doch nicht gleich wie ein **Geier** auf die erstbeste Gelegenheit stürzen! Am Ende kaufen wir noch die **Katze** im Sack! Aber ich merke schon, wenn es dem **Esel** zu wohl wird, dann geht er auf's Eis. Wer hat dir nur wieder diesen **Floh** ins Ohr gesetzt, Eberhard?«

»Irmchen, mein **Täubchen**«, sagte Eberhard und legte einen Arm um ihre Schulter. »Nun winde dich doch nicht wie ein **Aal**. Wir könnten doch zwei **Fliegen** mit einer Klappe schlagen, denke doch mal nach! Nachts fahren wir raus zum **Fischen** und tagsüber ruhen wir uns unter Deck aus. Wir können mal im großen Hafen anlegen und mal da, wo sich **Fuchs** und **Hase** gute Nacht sagen. Das hab ich mir schon so lange gewünscht. Lass uns endlich Butter bei die **Fische** geben und den Kutter kaufen, bevor wir zu alt dafür sind.«

»Ja, ja«, lenkte Irmtraud ein. »Also gut! Ich hab ja schon seit einiger Zeit die **Flöhe** husten hören. Schließlich kenne ich dich lange genug. Wenn du deinen Willen nicht kriegst, dann ärgert dich die **Fliege** an der Wand! So ist das. Da beißt die **Maus** keinen Faden ab! Und wer will schon einen Mann mit schlechter Laune haben?

Was bedeuten die Redewendungen?

- **Sei kein Frosch:** Sei kein Spielverderber.
- **Mich laust der Affe:** Ich bin hochgradig überrascht.
- **Ich fühle mich wie ein Fisch auf dem Trockenen:** Ich fühle mich hilflos, unwohl.
- **Die Katze im Sack kaufen:** Man weiß nicht, ob man das bekommt, was man erwartet. Hintergrund: Im Mittelalter wurden auf den Märkten manchmal Katzen anstelle von Kaninchen verkauft und in den Sack gesteckt.
- **Sich wie ein Geier auf etwas stürzen:** Gierig und rücksichtslos, nur auf den eigenen Vorteil bedacht sein.
- **Wenn es dem Esel zu wohl wird, dann geht er auf's Eis:** Wenn es jemandem zu gut geht, riskiert er noch mehr und wird leichtsinnig; durch Übermut kann man leicht zu Schaden kommen.
- **Jemandem einen Floh ins Ohr setzen:** Jemanden mit einer Idee in lang andauernde Unruhe versetzen; jemanden mit dieser Idee »anstecken«.
- **Sich winden wie ein Aal:** Glatt wie ein Aal sein, ausweichen, sich vor etwas drücken.
- **Zwei Fliegen mit einer Klappe schlagen:** Zwei Probleme auf einmal lösen.
- **Dort, wo sich Fuchs und Hase gute Nacht sagen:** Beschreibung für einen einsamen, abgeschiedenen Ort.
- **Butter bei die Fische geben:** Klartext reden, zur Sache oder auf den Punkt kommen.
- **Die Flöhe husten hören:** Vorahnungen oder Befürchtungen haben; aber auch: sich klug vorkommen.
- **Sich über die Fliege an der Wand ärgern:** Sich über kleinste Kleinigkeiten aufregen.
- **Da beißt die Maus keinen Faden ab:** Das ist nicht mehr zu ändern.

Die Gespenster

Der kleine Anton liebte es, mit seiner Oma zu spielen,
nur gut, dass ihm ständig neue Spiele einfielen.
So bat er seine Oma: »Verdunkele doch bitte alle Fenster,
wir beide spielen heut nämlich Gespenster!
Glaub mir, dieses Spiel wird richtig gruselig,
wenn du Angst bekommst, wende dich vertrauensvoll an mich.
Doch ich kann dich beruhigen, Oma, auch im größten Gefecht,
die Gespenster sind nur erfunden und zum Glück nicht echt!«

So krochen Oma und Enkel im Bett unter die Decken,
da konnten sie sich wirklich am besten verstecken.
Anton leuchtete seiner Oma mit der Taschenlampe ins Gesicht
und erschrak sich, als sei sie ein gefährlicher Bösewicht.

Als dann auch noch seltsame Geräusche in seine Ohren drangen,
fing Anton unter der Decke an zu zittern und zu bangen.
Er linste hervor und flüsterte leis:
»Siehst du die Schatten dort drüben an den Wänden?
Ich glaube, wir müssen das Spiel hier beenden!
Denn in dieser unheimlichen Finsternis,
kriege ich allmählich selber Schiss!«

Hurra, wir fahren ans Meer

Es sind Ferien und ich freue mich sehr,
denn heute fährt die ganze Familie ans Meer.
Gepackt sind die Koffer – zur Vorsicht auch Mütze und Schal,
außerdem Badesachen und Sonnencreme – sind an der See optimal.

Ich hol schnell aus dem Keller noch Eimer und Schaufel,
renne die Treppe wieder hoch mit lautem Geschnaufe,
greif mir unterwegs die Gummistiefel, die es gab mit Rabatt,
die brauche ich unbedingt, denn wir wollen ins Watt!

Da gehe ich nämlich auf keinen Fall barfuß rein,
krieg ich Matsche an die Füße, fang ich laut an zu schreien.
Und wisst ihr, wann ich noch zu kreischen anfange?
Wenn ein Krebs meinen dicken Zeh erwischt mit seiner Zange.

Die glitschigen Wattwürmer erzeugen im Schlamm kleine Haufen,
auch da will ich keineswegs barfuß drüber laufen.
Außerdem muss ich mich für die Gummistiefel entscheiden,
damit die Muscheln mir nicht in die Füße schneiden.

Mein großer Bruder lacht mich oft aus,
ich wär eine Mimose, sagt er, der Klaus.
Von mir aus kann er sich ja im Matsch rumsuhlen,
dafür bin ich Familienmeister im Krabbenpuhlen!

Auch im Fisch essen bin ich wirklich nicht schlecht,
egal ob Seelachs, Kabeljau, Hering oder Hecht.
Überall gibt es zum Mitnehmen direkt auf die Hand,
Brötchen mit Matjes, frisch gefangen kurz vor Helgoland.

In jedem Urlaub am Meer ist eine Dampferfahrt dran,
wir legen im Hafen ab und auch wieder an.
Die Eltern trinken an Bord eine »Tote Tante«,
das ist aus Schokolade und Rum eine leckere Variante.

Wir Kinder trinken den Kakao lieber einfach so
und stoßen mit den Eltern an: Cheerio!
Alsbald machen wir's uns im Strandkorb bequem,
das ist bei der glühenden Sonne auch ganz angenehm.

Er spendet Schatten und schützt uns vor Wind,
ich schlafe darin ein und träume, ich wär ein Piratenkind.
Als ich wach werde, ist nicht mehr Ebbe, sondern Flut,
die rauschenden Wellen tun meinen Ohren ja so gut.

Ich fühle mich wohl, könnte noch ewig hier bleiben,
muss ja meinen Freunden noch ein paar Postkarten schreiben.
Ich liebe das Meer, die salzige Luft und das Wellengebrause,
doch leider fahren wir bald schon wieder nach Hause!

Die Bratwurst im Brötchen

Im Urlaub fuhren der Karl und die Lotte gerne fort,
jahrelang an immer denselben schönen Ort.
Er lag günstig, hatte die Nordsee direkt vor der Tür,
Karl und Lotte sparten eisern das ganze Jahr dafür.

So saßen Karl und Lotte im Strandkorb und hielten ihre Füße in die Sonne,
der Karl leuchtete bald puterrot, für Helga war's eine wahre Wonne.
Und wie das eben ist, wurde der Karl von plötzlichem Hunger übermannt,
so ist er von großen Gelüsten getrieben zur nächsten Frittenbude gerannt.
»Eine Bratwurst im Brötchen mit viel Senf hätte ich gern«,
sagte der Karl, »ich roch den köstlichen Duft schon aus der Fern!«

Er legte das Geld auf die Theke und schon bekam er sie gereicht,
seine knusprig braune Bratwurst, so lecker und leicht.
Voller Vorfreude lief ihm das Wasser im Munde zusammen,
nichts konnte sein Herz so wie eine Bratwurst entflammen.

Gegenüber stand eine Bank, auf die wollte er sich setzen,
jetzt nur schön vorsichtig gehen und bloß nicht hetzen.
Doch bevor der Karl die Bank erreichte, kam eine Möwe geflogen
und hat ihm in Nullkommanix die Bratwurst aus dem Brötchen gezogen.

Nun fährt er nicht mehr an die See, der Karl, der Möwen wegen,
sollen doch die anderen Urlauber die frechen Vögel mit verpflegen.
Karl sitzt jetzt lieber in seinem eigenen Garten vor seinem eigenen Grill
und isst so viele Bratwürste im Brötchen mit Senf, wie er will!

Rund um die Sonne ...

Redewendungen

Die Sonne wärmt – was für eine Temperatur. Der Mond scheint – was für eine Helligkeit. Der Mensch lacht – was für eine Freundlichkeit.

Bewahre im Herzen Sonnenschein und trag ihn überall hinein.

Wenn der Hahn bei Vollmond kräht, die Sonne in der Früh aufgeht.

Mit den besten Freunden kann man die Nacht zum Tag machen oder einen Regentag mit Sonnenschein füllen.

Der große Reichtum unseres Lebens sind die kleinen Sonnenstrahlen, die jeden Tag auf unseren Weg fallen.

Mit jedem guten Gedanken, mit jedem guten Wort an einen anderen, geht die Sonne auf.

Danke Sonne, dass du strahlst und ein Lächeln auf mein Gesicht malst.

Die Blumen brauchen Sonnenschein und ich brauch dich zum fröhlich sein.

Ist man verliebt, dann scheint sogar die Sonne heller

Wörter

- sich sonnen
- ein Sonnenbad nehmen / sonnenbaden
- sich in der Sonne bräunen / aalen
- sich die Sonne auf den Pelz scheinen lassen
- Sonnenschein
- Sonnenstrahlen
- Sonnenlicht
- Sonnenglanz
- sonnig

- sonnendurchflutet
- sonnenhell
- Sonnenblume

Eins, zwei, drei und du bist frei!

Mitten im Dorf, auf dem großen, gepflasterten Platz,
treffen sich viele Kinder, selbst der kleinste Hosenmatz.
Sie wollen gemeinsam die Welt entdecken,
heute spielen sie als erstes Verstecken.

Der Hein zählt ab:
»Eins, zwei, drei,
Butter mit Brei,
Salz mit Speck
und du bist weg!«

Die Bärbel muss als Erste suchen,
doch fängt sie immer schnell an zu fluchen.
Wenn die Kinder sich zu gut verstecken,
kann sie diese nur schwer entdecken.
So ruft sie: »Mäuschen, sagt mal Piep«,
bis kein einziges Kind mehr übrig blieb.

Jetzt darf die Bärbel sprechen:
»Ritze, ratze, ritze, ratze,
was macht heut die Miezekatze?
Die Mieze backt uns Kuchen
und du musst suchen!«

Ruck zuck laufen alle Kinder in ihr Versteck,
auch der lahme Paul ist kurz aufgeschreckt.
Denn er ist nun mit Suchen dran,
er zählt nicht bis Hundert, nur so weit er kann.
Dann fängt er an, sich zu sputen
und findet alle Kinder in ein paar Minuten.

Der Paul zählt ab für die nächste Runde:
»Eins, zwei, drei, vier, fünf, sechs, sieben,
eine alte Frau kocht Rüben,
eine alte Frau kocht Speck
und du bist weg!«

Nun muss die Hilde sich die Augen verdecken,
während die anderen sich eilig verstecken.
Sie schummelt dann und wann, auch hin und wieder
und blinzelt durch die geöffneten Hände und Augenlider.
So kommt es, dass das Spiel ein schnelles Ende nimmt,
die Hilde findet das eine, die nächsten und auch das letzte
Kind.

Dann spricht die Hilde:
»Ich bin jetzt dran als euer Frager,
hat noch einer 'nen guten Spruch auf Lager?
Mir fällt leider keiner mehr ein,
drum werde ich wohl auf euch angewiesen sein!«

Es melden sich mehrere Kinder sofort,
als Erste kommt die kleine Karla zu Wort:
»Hexenhaus und schwarzer Kater,
Fledermäuse und Berater,

Hexenmus und Zauberkuss,
du bist der, der suchen muss!«

Die anderen Kinder lachen und applaudieren,
dann kann der Karl für seinen Spruch plädieren:
»Hasenspeck und Hasendreck,
eins, zwei, drei, und du bist weg.
Hopp hopp, Has',
hüpf ins Gras,
hüpf wieder raus
und du bist drauß'!«

Wieder klatschen die Kinder in die Hände,
aber nur kurz, um keine Zeit zu verschwenden.
Denn die Barbara weiß auch noch einen,
beachtet sie niemand, fängt sie laut an zu weinen.
»Eine kleine Dickmadam
fuhr mal mit der Eisenbahn.
Dickmadam, die lachte,
Eisenbahn, die krachte,
eins, zwei, drei
und du bist frei!«

Diesmal wird der Applaus noch von Gejohle begleitet,
jeder weiß, dass die Babs sensibel ist und zart besaitet.
Als Letzte meldet sich zu Wort die Gisela,
meist tut sie das mit Holdrijo und Bumsfallera.
Doch heute spricht sie ganz ruhig:
»Eins, zwei, drei, vier, fünf,
der Storch hat keine Strümpf',
der Frosch hat kein Haus
und du musst raus!«

In diesem Moment steht vor ihnen die Mutter von der Schummelhilde,
sie sagt zu ihrer Tochter: »Na, meine kleine Wilde,
es wird langsam Zeit, Abendbrot zu essen,
das hast du beim Spielen sicher wieder vergessen.
Drum sag ich Hokus Pokus Fidibus,
jetzt ist mit dem Spielen Schluss!
Alle Kinder gehen jetzt heim,
das ist für heute der letzte Reim!«

Fragen

- An welche Abzählreime aus Ihrer Kindheit erinnern Sie sich?
- Mit wem haben Sie früher auch Verstecken gespielt?
- Welches war Ihr bestes Versteck?

Das Murmelspiel

Jeden Nachmittag gegen viertel vor vier,
klopfte es hartnäckig an unserer Tür.
Es waren der Franz und die Rosi, sie holten mich ab,
zum Murmeln klickern liefen wir einen kleinen Berg hinab.

Auf dem Weg sammelten wir noch einige Kinder ein,
liefen dann gemeinsam noch ein Stück querfeldein,
bis zu der großen Wiese am Waldesrand,
dort störten wir niemand, der Bauer war ziemlich kulant.

Ich besaß eine wunderschöne Sammlung von Murmeln aus Glas,
beim Klickern leuchteten einige selbst aus dem grünen Gras.

Im Inneren hatten sie eine Spirale in rot, grün oder blau,
ich kannte meine wertvolle Sammlung ganz genau.

Der Franz stampfte mit seinem Absatz ein faustgroßes Loch in die Erde,
damals durften wir das noch, es gab keine Beschwerde.
Dann gingen alle Kinder vom Loch acht Schritte zurück,
jedes hoffte immer wieder auf eine große Portion Glück.

Nun durfte jedes Kind drei Murmeln in Richtung Loch werfen.
Die Rosi fing an und verlor schon beim ersten Versuch die Nerven,
denn sie schaffte es mit ihren Kugeln nicht nah genug ran,
und das Verlieren ihrer Klicker warf sie völlig aus der Bahn.

Nach Rosi warf der Hubi und traf tatsächlich mitten ins Loch hinein
und auch mit dem zweiten Wurf konnte er durchaus zufrieden sein.
Selbst die dritte Murmel landete ziemlich weit vorn,
damit erweckte er zumindest schon mal Rosis Zorn.

Sie warf sich bockig ins Gras und fing an zu brüllen
und die unschuldigen Grashalme in den Händen zu zerknüllen.
Währenddessen warf der Franz seine drei gläsernen Kugeln,
es klickerte so wunderbar, als sie an die vom Hubi anschlugen.

Dann war ich an der Reihe und verfolgte meine eigene Strategie,
geklappt hatte die allerdings selten bis nie.
Ich müsste nur dafür sorgen, dass alle Murmeln im Loche landen,
dann hätt ich auch die von den anderen ehrenvoll erstanden.

Ihr müsst nämlich wissen, auch mir fällt das Verlieren schwer,
nur äußerst ungern gebe ich etwas von meiner Murmelsammlung her.
Und auch heute ging meine Strategie leider nicht auf,
der Hubi gewann, so ist des harten Lebens Lauf.

Doch damit gab ich mich keineswegs zufrieden,
noch war über den Verbleib der Murmeln nicht endgültig entschieden.
Ich forderte Revanche, hatte in der zweiten Runde mehr Glück
und gewann meine wunderschönen Murmeln alle wieder zurück.

Fragen

- Wie sahen Ihre Murmeln aus, die Sie in Ihrer Kindheit hatten?
- Welche Spiele haben Sie damit gespielt?
- Haben Sie Murmeln mit Freunden getauscht? Welche Freunde waren dabei?

Die holde Maid

Es waren einst zwei Mädchen in der Pubertät,
die hießen Gabriele und Annegret.
Sie langweilten sich und beschlossen direktemang,
sich die Zeit zu vertreiben mit lieblichem Gesang.

Die beiden hatten einmal im Fernsehen gesehen,
dass Gitarrenklänge Frauen den Kopf verdrehen.
Dieses Vergnügen gönnten sie nun Gabrieles Schwester,
sie wohnte im ersten Stock und hieß Esther.

Gabriele nahm ihre Gitarre, Annegret stand dicht daneben,
so haben die zwei sich ganz der Musik hingegeben.
Sie sangen unter Esthers Fenster: »Du holde Maid!
Erhöre uns, liebreizende Jungfräulichkeit!«

Doch Esther war ebenfalls gut informiert,
noch dazu war sie ziemlich couragiert.
Sie kannte inzwischen ihre Pappenheimer
und füllte eiskaltes Wasser in einen Eimer.

Sie schüttete das Wasser aus dem ersten Stock,
unten standen Gabriele und Annegret wie im Schock.
Sie riefen: »Warum machst du denn gleich so ein Trara?
Schau uns an, nun stehen wir wie begossene Pudel da!«

Die Hochzeitsfeier

> ***Tipp***
> Nutzen Sie die folgende Geschichte, um das Thema Feiern unter verschiedenen Aspekten zu diskutieren: z. B. Anlässe, Bekleidung, Geschenke, Essen und Trinken, Überraschungen, Familie, Freunde usw.

Neulich gab es in der Verwandtschaft eine Hochzeitsfeier,
die schöne Braut entzückte mit zartem Spitzenschleier,
der Bräutigam trug bunte Blüten am Revers,
Köstlichkeiten wurden aufgetischt zum Verzehr.

Zu diesem Anlass mussten mein Vetter und ich,
uns natürlich frisieren und kleiden sehr feierlich.
Da ließen wir uns wahrlich nicht lumpen,
keinesfalls würden wir uns Klamotten pumpen.

So kauften wir zwei gleiche Anzüge, zwei Hemden und Krawatten,
es dauerte ein wenig bis wir die richtigen Größen gefunden hatten.
Auch die Herrenschuhe sollten die gleichen sein,
wenn ich auch größer bin und mein Vetter eher klein.

Die Sachen hingen also nebeneinander auf Bügeln am Schrank,
die Schuhe standen davor, gewienert blitzeblank.
Und genau an dem Tag, als es losgehen sollte mit dem Ehehafen,
haben mein Vetter und ich unglücklicherweise verschlafen.

Uns blieb kaum Zeit, wir mussten eilig in die Klamotten huschen
und hofften, wir würden unsere Optik nicht verpfuschen.
Zum Haare kämmen blieb keine Zeit, ab in die Kapelle,
beim Reingehen haute mein Vetter mir in die Rippen seine Elle.
Er flüsterte: »Meine Schuhe sind zu groß, ich schlappe hinten raus
und die Jackenärmel gehen weit über meine Hände hinaus.
Die Hose werde ich wohl jeden Moment verlieren,
so kann ich mich hier doch nicht präsentieren!«

Ich schaute verwundert an mir herunter und dachte: Nanu,
warum drückt er so teuflisch, der glänzende, neue Schuh?
Und warum spannt um die Schulter das neue Jackett
genau wie um den Bauch so eng wie ein Korsett?
Da hatten wir beide von der allgemeinen Hektik berauscht
wohl aus Versehen sämtliche Klamotten vertauscht!

Der Stäbchenfisch

Der kleine Hugo fuhr mit seinen Eltern ans Meer,
es hatte ihm dort immer gut gefallen bisher.
Vor allen Dingen saß er gern mit seinen Eltern am Tisch
und aß, wie man es am Meer nun mal macht, frischen Fisch.

Es gab Scholle, Seelachs, Kabeljau, Heilbutt oder Aal,
auch Hering und Lachs wurden zu einem festlichen Mahl.
Ganz egal, ob geräuchert, gedünstet oder gebraten,
Hauptsache, Hugo musste nicht zu lange warten.

So studierte Klein-Hugo also die Speisekarte
und sagte zu der netten Kellnerin Beate:
»Ich bin hungrig und lasse mich nicht lange bitten,
ich nehme heute mal Fischstäbchen mit Fritten.«

Schon nach kurzer Zeit bekam Hugo sein Essen,
es war für einen Kinderteller wirklich angemessen.
Überrascht schaute er auf die knusprigen Stäbchen und sprach:
»Es ist erstaunlich, dass der Fisch, den ich gerade habe bekommen,
so frisch ist, dass er noch vor Kurzem munter im Meer geschwommen.

Und schwupp di wupp liegt er schon bei mir, seinem Besteller
lecker angerichtet und ziemlich tot auf dem Teller.
Seht ihn euch an, es fehlen nur Kopf und Flossen,
so hat er bis vor kurzem noch sein Leben genossen.

Wie der Fisch genau heißt, kann ich euch nicht sagen,
da müsste ich erst den fleißigen Fischer fragen,
dem diese leckere Beute ins Netz gegangen
und der sie so schnell hierher gebracht hat, auf mein Verlangen!
Doch weil er nun mal so namenlos vor uns liegt auf dem Tisch,
ernenne ich ihn hiermit offiziell und feierlich zum Stäbchenfisch.«

Der Kartoffelsalat

Es war im Sommer und es war sehr heiß,
auch beim Nichtstun lief einem schon der Schweiß,
da luden zwei meiner Tanten ein zum Skat
und bereiteten dafür eine Schüssel Kartoffelsalat.

Sie hießen Hulda und Therese, die beiden Tanten
und wie das so ist mit manchen Verwandten,
tranken sie gern das eine oder andere Gläschen Wein
und konnten dabei tatsächlich recht lustig sein.

Während sie nun die Zutaten für den Salat mischten
und sich mit einem Martini auf Eis erfrischten,
da hatten die beiden wirklich viel Spaß,
sie kannten im Schlaf von allem das richtige Maß.

Zu guter Letzt nahm dann die Therese
aus dem Kühlschrank die Tube Mayonnaise.
Sie drückte und quetschte sie kräftig aus,
holte auch den letzten Rest noch aus ihr heraus.

Jetzt wurde alles noch mal gut verrührt und im Nu
prosteten die zwei Tanten sich fröhlich zu.
Therese probierte den Salat voller Zuversicht
und verzog sofort entsetzt das Gesicht.

»Was ist denn los?«, fragte Hulda, »schmeckt es nicht recht?
War am Ende etwa die Mayonnaise schlecht?«
Therese griff zu der Tube und nahm ruck zuck,
vom eisgekühlten Martini einen weiteren Schluck.

Sie sprach: »Ich glaube, wir haben ein Problem,
in dem Salat ist statt Mayonnaise deine teure Creme!«
Da flüsterte Hulda betreten: »Ich legte die Creme neben die Mayonnaise ganz akkurat,
das war wohl ein Fehler, nun haben wir den Salat!«

Kunibert und Fritz

Kunibert und Fritz, das waren zwei Jungen,
Brüder, die beide einem Elternhaus entsprungen.
Gern spielte einer dem anderen einen Streich,
mal unverfänglich, mal folgenreich.

Mit Freude besuchten sie ihre Omama,
sie wohnte auf dem Land und hieß Gundula
und immer, wenn die Buben sich stritten,
ist Oma Gundi tollkühn eingeschritten.

Sie sprach dann:
»Vertragt euch, Kinder, reicht euch die Hände,
gebt euch einen Kuss und der Streit ist zu Ende!«

Mal fasste der Kunibert den üblen Entschluss:
Ich schütte dem Fritz ins Glas ein Öl aus Rizinus,
dann sitzt er den Rest des Tages auf dem Klo
und ich vergnüge mich ohne ihn anderswo!

Der Plan ging schief, Kunibert selbst erwischte das Glas
und trank Rizinus im Übermaß.
Nun musste er den Tag auf dem Klo verbringen,
er schrie und fluchte händeringend.

Auch da sprach die Großmama:
»Vertragt euch, Kinder, reicht euch die Hände,
gebt euch einen Kuss und der Streit ist zu Ende!«

Ein andermal, die beiden saßen gerade am Tisch
und aßen eine Suppe aus Gemüse und Fisch,
da hat sich der Kunibert plötzlich vor Lachen gebogen
und Fritz ist Kuniberts Suppe ins Gesicht geflogen.

»Jetzt ist es aber genug!«, rief laut das Fritzchen,
»lass endlich diese blöden Kinkerlitzchen!
Jetzt muss ich mich schon wieder waschen,
verdient hättest du ein paar kräftige Ohrenlaschen!«

Und wieder sprach die Großmama:
»Vertragt euch, Kinder, reicht euch die Hände,
gebt euch einen Kuss und der Streit ist zu Ende!«

Am nächsten Morgen beim Frühstücken,
füllte der Fritz hinter Kuniberts Rücken,
auf einen Suppenlöffel etwas Quark
und fühlte sich sehr überlegen und stark.

Er setzte sich, wollte den Quark zu Kunibert werfen,
der würde ihn so schnell nicht mehr nerven!
Das klappte nicht ganz, war wohl doch nicht so schlau,
der Löffel flog mit, bescherte Kunibert ein Auge in blau!

Nochmals sprach die Großmama:
»Vertragt euch, Kinder, reicht euch die Hände,
gebt euch einen Kuss und der Streit ist zu Ende!«

Eines Abends saßen die beiden Jungen am Tisch
und spielten eifrig »Mensch ärgere dich nicht«.
Der Fritz schummelte, warf seinen Bruder hinaus
und manövrierte die eigenen Steine schnell in sein Haus.

Das ließ der Kunibert nicht auf sich sitzen,
seine Augen fingen vor Wut an zu blitzen.
Er boxte den Fritz, um ihm einen Denkzettel zu verpassen,
dann würde er ihn nächstes Mal sicher gewinnen lassen.

Abermals sprach Oma Gundi:
»Vertragt euch, Kinder, reicht euch die Hände,
gebt euch einen Kuss und der Streit ist zu Ende!«

Die Brüder wuchsen heran, kamen in die Pubertät,
um sich zu bessern, ist es niemals zu spät.
Die beiden beschlossen, nicht mehr zu streiten,
ließen sich zu keinem Blödsinn mehr verleiten.

Oma Gundi hatte den Buben etwas Wichtiges gelehrt,
nämlich, dass man ohne Streit lebt völlig unbeschwert.
Die Brüder wollten sich nicht ständig die Hand reichen
müssen
und vor allen Dingen wollten sie sich nicht andauernd
küssen.

Fragen

- Haben Sie Ihren Geschwistern früher auch schon mal einen Streich gespielt?
- Haben Sie mit Ihren Geschwistern zusammen anderen Personen einen Streich gespielt?
- Wurden Sie selbst mal »veräppelt« und wenn ja, womit?

Die schönste Sprache der Welt

Tipp
Die folgende Geschichte enthält eine Fülle von alten Sprichwörtern und Redewendungen, die Senioren gut ergänzen können.

Jeden Montagabend trifft sich Eduard, genannt Eddi, mit seinen Freunden im Gasthaus »Zur Krone« zum Männerstammtisch. Heute feiert Eddi auch noch seinen 70. Geburtstag. Als er die Kneipe betritt, erheben seine Kameraden ihr Glas und singen: *»Hoch soll er leben, hoch soll er leben, … dreimal hoch!«*

Eddi freut sich darüber, greift sich ein Glas Bier, das schon für ihn bereit stand und sagt feierlich: *»Auch Wasser wird zum edlen Tropfen, … mischt man es mit Malz und Hopfen.* Prost, Kameraden! *So jung kommen wir … nie mehr zusammen!«*

Die Männer erheben wieder ihre Gläser und singen: *»Ein Prosit, ein Prosit, …. ein Pro-o-sit der Gemü-üt-lich-keit!«*

»Ex und hopp,….. in den Kopp!«, sagt Eddi. »Kalle, mach uns noch ne Runde!«, ruft er dem Wirt zu, denn *»auf einem Bein … kann man nicht stehen!«*

Kalle bringt die nächste Runde Bier und Schnaps an den Tisch. Die Männer erheben abermals ihr Glas und sprechen im Chor: *»Gerste und Malz, … Gott erhalt's! Lass dich nicht lumpen, … hoch den Humpen!«*

So vergeht der Abend feucht-fröhlich und Eddi vergisst völlig, dass er seiner Frau Edeltraud, genannt Traudi, eigentlich versprochen hat, nicht zu spät nach Hause zu kommen. Denn sie möchte auch mit ihm ein Gläschen Sekt auf seinen Geburtstag trinken.

Als Traudi die Haustür ins Schloss fallen hört, setzt sie ihre betont beleidigte Miene auf und schaut in Richtung Fenster. Eddi betritt taumelnd, aber gut gelaunt, das Wohnzimmer. Traudi faucht ihn an*: »Das schlägt ja wohl dem Fass … den Boden aus!* Du wolltest schon vor zwei Stunden zuhause sein!«

Eddi schaut auf die Uhr und sagt: »Aber Traudi, mein Herzblatt, *dem Glücklichen schlägt … keine Stunde!* Ich dachte, wir könnten doch auch später noch etwas zusammen trinken!«

»Das Denken soll man den … Pferden überlassen, die haben den größeren Kopf!«, schimpft Traudi. Eddi hält inne und erinnert sich daran, was sein Vater immer gesagt hatte, wenn er zu spät vom Frühschoppen heim kam: *»Begib dich nicht … in die Höhle des Löwen!«*

Traudi muss sich erst wieder beruhigen, denkt Eddi: *»Nichts wird so heiß gegessen … wie es gekocht wird!«* Vorsichtig beginnt er zu sprechen: »Weißt du Traudi, ich und die anderen hatten uns heute so viel zu erzählen …«

»Ich und die anderen«, schimpft Traudi los. *»Der Esel … nennt sich immer zuerst!* Ich habe es mir schon gedacht, dass du mal wieder kein Ende findest. Aber das ist mir sowieso *Jacke ….wie Hose!* Und: *Den Letzten … beißen die Hunde!*

Jetzt kannst du zusehen, wie du *die Suppe auslöffelst, … die du dir eingebrockt hast!*«

Eddi schaut betreten zu Traudi und denkt sich: *»Holzauge, … sei wachsam! Glück und Glas … wie leicht bricht das!* Wenn Traudi richtig sauer ist, dann ist mit ihr *nicht gut … Kirschen essen!* Jetzt war *guter Rat … teuer!*

Eddi schleicht in die Küche, stellt zwei Gläser auf ein Tablett, füllt sie mit dem gekühlten Sekt und stellt ein angezündetes Teelicht dazu. »Verzeih mir Traudi«, sagt er kleinlaut. »Ich weiß, *Schnaps ist Schnaps … und Dienst ist Dienst!* Das nächste Mal bin ich wieder pünktlich. Versprochen! Schau mir in die Augen: *Braune Augen sind gefährlich … aber in der Liebe ehrlich!*«

»Aha!«, ruft Traudi aus. *»Es geschehen noch Zeichen … und Wunder! Einsicht ist der erste … Weg zur Besserung!«*

»Soso«, denkt sich Eddi, *»da liegt also der Hase … im Pfeffer!* Traudi will Romantik! Eddi zieht eine rote Rose aus der Blumenvase, die auf dem Wohnzimmertisch steht und überreicht sie Traudi mit einem liebevollen Lächeln und einem Augenzwinkern. So liebevoll wie er nur kann, flüstert er seiner Frau ins Ohr: *»Ein Gläschen in Ehren … kann niemand verwehren!«*

»Gibst du mir, … so gebe ich dir!«, denkt Traudi und lächelt ihren Eddi ebenfalls versöhnlich an. Und damit ist die Welt von Eddi und Traudi wieder in Ordnung.

Ein Lächeln ist eben … die schönste Sprache der Welt!

Der schöne Schmetterling

Auf einer grünen Pflanze nah am Weiher,
kleben unzählige, kleine Eier;
aus denen kommen nach zwei bis drei Wochen
zahlreiche Raupen heraus gekrochen.
Sie schauen sich hungrig um und zermahlen
als erste Nahrung ihre eigenen Eierschalen.
Die Raupen sind grün oder braun und können sich so
auf den Pflanzen gut verstecken ohne Risiko.
Sie häuten sich und spinnen einen Kokon aus Seide,
darin verwandeln sie sich zu einer Augenweide;
denn aus diesem schlüpft, schaut man genauer hin,
ein wunderschöner Schmetterling!

Rund um das Glück

Redewendungen

Am Glück ist alles gelegen.
Bescheiden Glück kommt alle Tage.
Das Glück des einen ist das Unglück des anderen.
Das Glück spielt immer die erste Geige.
Das Glück hält seine Worte und Briefe nicht.
Das Glück gibt dem einen die Nüsse, dem anderen die Schalen.
Das Glück ist dem Kühnen hold.
Das Glück muss man erobern.
Das Glück ist ein Vöglein, man meint, man hätt's schon und wie man's will fangen, da fliegt es davon.
Das Glück ist mancher Art, aber es lässt jedem seinen Bart.

Das Glück macht aus Bettlern Könige und aus Königen Bettler.
Ein mäßiges Glück ist das ehrlichste und rühmlichste.
Glück und Unglück sind wie zwei Eimer, zieht man den einen auf, so sinkt der andere ab.
Glück und Glas, wie leicht bricht das.
Glück mit Sünd und Schand hat nicht Bestand.
Glück besteht in der Kunst, sich nicht zu ärgern, dass der Rosenstrauch Dornen trägt, sondern sich zu freuen, dass der Dornenstrauch Rosen trägt.
Im Glück sind wir gute Christen.
Im Glück vergisst man die Heiligen.
Das Glück steht am Wege; der eine nimmt es und der andere geht daran vorbei.
Mit dem Glück geht es wie mit der Brille: man hat sie auf der Nase und weiß es nicht.
Wen das Glück ehrt, der soll es wieder ehren.
Zu großem Glück ist nicht zu trauen.
Das Glück tritt gern in ein Haus ein, wo gute Laune herrscht.
Wer dem Glück nachläuft, kann es selten einholen.

Wörter

- Glückskind
- glücklich
- glückselig / Glückseligkeit
- glückstrahlend
- beglückt
- überglücklich
- glücklicherweise
- zum Glück
- Glücksbringer
- Glücksfall
- Glückspilz
- Glücksritter
- Glücksjäger
- Glücksspieler / Glücksspiel
- Glückssache
- Glückwunsch

Der Bademuffel

Die Mutter sprach zum Sohn, dem Theodor:
»Ich sag es dir nun noch Mal wie schon oft zuvor,
es wäre mir lieb, du würdest heute noch baden,
wir sind morgen bei Tante Gottfriede eingeladen!
Ich hab es wahrlich satt, das Reden seit zwei Wochen,
doch heute hab ich dich wirklich schon gerochen.
Ich zieh dir lang die ungewaschenen Ohren,
das sei dir hiermit feierlich geschworen!«

»Aber Mutter, du sprichst ja zu mir wie ein Major«,
sprach völlig entsetzt der Theodor.
»Warum muss ich denn schon wieder baden,
nur weil wir bei Gottfriede eingeladen?
Ich hab mir doch neulich erst den Hals gewaschen,
konnte dich sogar mit zwei sauberen Ohren überraschen.
Auch mein Hintern ist vom letzten Bad noch unbeschmutzt,
von zu viel Wasser wird er am Ende gänzlich abgenutzt.

Das kann ich nun wirklich nicht riskieren,
außerdem fang ich so schnell an zu frieren.
Und meine Füße duften, das ist jetzt keine Gaukelei,
nach blühenden Blumen, auch ohne die ständige Wascherei.
Es wird mir schon nicht mein Leben verpfuschen,
wenn ich nicht andauernd baden will oder duschen.
Selbst die Frau Lehrerin sagt, ich sei in Ausreden sehr kreativ,
und konsequent zu seinen Entscheidungen stehen, ist positiv.

So hoffe ich, du stimmst mir zu, es wird mir nicht schaden,
wenn ich heute ausnahmsweise keine Lust hab zum Baden.«

Der unglückliche Sturz

Es war an einem schönen Sonntag im Sommer,
da machte die Familie einen Ausflug mit ihrer Omma.
Die war immer recht lustig und noch gut zu Fuß,
so war ein Spaziergang für alle ein großer Genuss.

Die Kinder rannten und hüpften den Erwachsenen voraus,
sie kosteten das herrliche Wetter so richtig aus.
Doch plötzlich befand sich die kleine Greta im freien Flug,
so geschah es, dass sie lang auf den Boden schlug.

Sie fing sofort laut an zu schreien, man hörte sie ziemlich weit,
zu solchen Gelegenheiten war das für sie eine Selbstverständlichkeit.
Die Omma wollte sie trösten und kam zu ihr als Schnellste von allen,
sie sagte: »Mein armes Kind, da bist du ganz unglücklich gefallen!«

Die kleine Greta hörte auf zu schreien und schaute sich verwundert um,
dann sagte sie: »Haltet ihr mich eigentlich alle für dumm?
Ihr habt es doch wohl deutlich gehört, mein lautes Geschrei,
hörte sich das vielleicht so an, als sei ich glücklich dabei?«

Herbst

Bauernregeln

... für den September

Septemberanfang mit feinem Regen, kommt allzeit dem Bauer gelegen.
Warmer und trockener Septembermond mit reifen Früchten reichlich belohnt.
Nach Septembergewittern wird man im Februar vor Kälte zittern.
Wenn der September noch donnern kann, setzen die Bäume viele Blüten an.
Ist September warm und klar, hoffen wir auf ein fruchtbar Jahr.
Durch Septembers heiteren Blick, schaut noch einmal der Mai zurück.
Septemberregen ist für Saat und Vieh gelegen.
Auf einen heiteren und warmen September folgt gern ein trüber und rauer Oktober.
Abends der September rau, bringt er morgens vielen Tau.
Warme Nächte bringen Herrenwein, bei kalten Nächten wird er sauer sein.
Ein Herbst, der hell und klar, ist gut für das kommende Jahr.
Ein warmer September ist des Jahres Spender.

... für den Oktober

Wenn's im Oktober friert und schneit, bringt der Jänner milde Zeit.
Warmer Oktober bringt fürwahr uns sehr kalten Februar.
Ist der Oktober freundlich und mild, ist der März dafür rau und wild.
Oktoberregen verspricht ein Jahr voller Segen.
Hilft der Oktober nicht mit Sonne, so hat der Winter keine Wonne.
Bringt der Oktober viel Regen, ist's für die Felder ein Segen.
Oktobersonne – Winzers Wonne.
Oktoberwind – glaube es mir – verkündet harten Winter dir.
Ist der Oktober kalt, macht er Raupenfraß halt.
Nichts kann mehr vor Raupen schützen, als wenn der Oktober erscheint mit Pfützen.
Warmer Oktober bringt fürwahr stets einen kalten Januar.

... für den November

Bringt der November Morgenrot, der Aussaat viel Regen droht.
Bringt der November Morgenrot, der Aussaat dann viel Schaden droht.
November warm und klar, wenig Segen für's nächste Jahr.
November nass, bringt jedem was.
November Donner hat die Kraft, dass er viel Getreide schafft.
Wenn der November regnet und frostet, dies leicht die Saat des Lebens kostet.
Novemberschnee tut den Saaten wohl, nicht weh.
Sankt Martin kommt nach alten Sitten gern auf dem Schlitten angeritten.

Wenn der November blitzt und kracht, im nächsten Jahr der Bauer lacht.
Novemberwind scheut Schaf und Rind.
Im November viel Nass, auf den Wiesen viel Gras.
November hell und klar, ist's übel fürs nächste Jahr. Doch November warm und klar, wenig Sorgen im nächsten Jahr.
Je mehr Schnee im November fällt, umso fruchtbringender ist das Feld.
Novemberdonner schafft guten Sommer.

Was bedeuten die Redewendungen?

- **Auf Achse sein:** unterwegs sein, nicht da sein.
- **Auf den Putz hauen:** lautstark schimpfen, sich beschweren; aber auch angeben, viel Geld ausgeben.
- **Aus der Reihe tanzen:** eigene Wege gehen, sich nicht unterordnen, gegen Regeln verstoßen.
- **Aus dem Nähkästchen plaudern:** Etwas sagen, was nicht für die Öffentlichkeit bestimmt ist.
- **Alles in Butter:** alles in Ordnung.
- **Am Ball bleiben:** An einer Sache dran bleiben.
- **Das ist nicht auf meinem Mist gewachsen:** Das stammt nicht von mir; damit habe ich nichts zu tun.
- **Da haben wir den Salat:** Jetzt ist das Unheil/Missgeschick passiert.
- **Das Salz in der Suppe:** die entscheidende, wichtigste Zutat, die erhebliche Aufwertung verspricht.
- **Das schwarze Schaf:** Außenseiter in einer Familie oder Gruppe, der mit schlechten Eigenschaften aus der Rolle fällt.
- **Den Nagel auf den Kopf treffen:** Genau das Richtige sagen oder erraten.

- **Den Faden verlieren:** In einer Erzählung oder einem Gespräch nicht mehr weiter wissen.
- **Den Wald vor lauter Bäumen nicht sehen:** Sich verzetteln; sich vom Wesentlichen durch viele Nebensächlichkeiten ablenken lassen.
- **Das ist so sicher wie das Amen in der Kirche:** etwas, worauf man sich verlassen kann.
- **Es faustdick hinter den Ohren haben:** durchtrieben oder raffiniert sein.
- **Etwas durch die Blume sagen:** etwas nur andeutungsweise ausdrücken.
- **Etwas in den Sand setzen:** mit einer Aufgabe scheitern.
- **Einen Zahn zulegen:** schneller werden, schneller fahren.
- **Eine treulose Tomate sein:** unzuverlässig sein, Verabredungen oder Versprechungen nicht einhalten.
- **Etwas für einen Apfel und ein Ei kaufen oder verkaufen:** Etwas sehr günstig erwerben oder verkaufen.
- **Etwas abklappern:** alles absuchen.
- **Ins Fettnäpfchen treten:** Sich blamieren; aus Versehen etwas Peinliches tun (in Bauernstuben stand früher zwischen Tür und Ofen ein Fettnapf, mit dem nasse Stiefel eingefettet wurden. Man sollte nicht aus Versehen hineintreten).
- **In die Puschen kommen:** aktiv werden, vorankommen.
- **In den sauren Apfel beißen:** etwas Unangenehmes notgedrungen tun.
- **Jemanden auf die Schippe nehmen:** jemanden verspotten, hänseln.
- **Jemanden im Regen stehen lassen:** jemanden mit seinen Problemen allein lassen.
- **Jemandem einen Denkzettel verpassen:** jemandem eine Lektion erteilen.

- **Süßholz raspeln:** auf offensichtliche Art schmeicheln.
- **Sein Fett weg bekommen:** seine gerechte Strafe erhalten.
- **Sich wie ein Elefant im Porzellanladen benehmen:** rücksichtslos sein.
- **Sich etwas abschminken:** etwas unterlassen.

Mensch, ärgere dich nicht

Jeden Freitagabend um Punkt achtzehn Uhr,
treffen sich vier ältere Damen, von Müdigkeit keine Spur.
Die Inge, die Hilde, die Ruth und die Lore sind darauf ganz erpicht,
denn am Freitagabend spielen sie »Mensch, ärgere dich nicht!«

Die vier Damen begrüßen sich heiter, umarmen sich,
sind schon seit langer Zeit verbunden freundschaftlich.
Und hoffen auf einen angenehmen Abend zu viert,
eine jede ist auf ihre eigene Art sehr raffiniert.

Die Inge nimmt immer die Spielfiguren in rot,
dabei bleibt es auch, so lautet das oberste Gebot.
Die Hilde mag am liebsten die Figuren in grün,
die will sonst keiner, so muss sie sich nicht darum bemühen.

Die Ruth bekommt die gelben Figuren des Spiels,
damit kam sie bisher recht oft als Erste ins Ziel.
Übrig bleiben die schwarzen Figuren für die Lore,
auch sie sorgte damit schon manches Mal für Furore.

Die Würfel werden verteilt und eh sie sich besinnen,

beginnt das Spiel und jede der vier will gewinnen.
Zuerst darf man dreimal würfeln, bis eine Sechs erscheint,
schon da wird in Windeseile die Freundin zum Feind.

Die Ruth würfelt nach der Sechs noch eine zweite und dann eine Vier,
die Inge wird schon nervös und nimmt schnell ein Schlückchen Bier.
Da beginnt die Lore die Ruth zu verfolgen in großen Schritten,
nun lässt sich auch die Hilde nicht länger bitten.

Die Ruth liefert ein Rennen um den ersten Platz in ihrem Haus,
doch kurz davor schmeißt die Lore sie wieder raus.
Und als sie mit einer Sechs wieder anfangen kann,
schmeißt sie die Hilde, sie schlich sich von hinten heran.

Da schimpft die Ruth:
»Wollt ihr mich eigentlich allesamt ruinieren?
Ich werde dieses Spiel heute auf keinen Fall verlieren!
Plagen sollte euch das schlechte Gewissen,
ihr habt mich schon letztes Mal immer kurz vor dem Ziel rausgeschmissen!«

»Beruhige dich!«, flüsterte Lore. »So schnell wirst du doch nicht kapitulieren,
wir zwei tun uns zusammen und werden die anderen abservieren.
Achte drauf, sie machen gleich ein ziemlich dummes Gesicht
und beschimpfen uns dann wieder als Bösewicht!«

»Los«, befahl die Hilde der Inge, »würfele sofort eine Drei,
dann hört die Lore gleich auf mit ihrer Angeberei
und wenn ich danach noch eine Fünf hinkriege,
macht auch ihre letzte Figur wieder die Biege!«

Die Stimmung heizte sich weiterhin auf,
so nahm der Spieleabend einen spannenden Verlauf.
Die Lore schmiss die Inge, die Hilde die Ruth,
irgendwann wurde sogar eine von der anderen ausgebuht.

Dann lief die Hilde plötzlich im Gesicht feuerrot an
und verlangte sofort nach ein paar Tropfen Baldrian,
denn die Lore warf ihre Figur raus ohne mit der Wimper zu zucken
und sagte, sie habe in den Händen verspürt ein nervöses Jucken.

Sie solle sich nicht so anstellen und aufhören zu spinnen,
so sah die Hilde ihren Sieg zwischen den Fingern zerrinnen.
Als die Lore mit ihrer letzten Figur als erste das Ziel erreichte,
war es an der Zeit, dass es den anderen reichte.

Sie fegten die Spielfiguren mit einem Schlag vom Tisch
und bezeichneten sich gegenseitig als korrupt und betrügerisch!
Wütend nahmen sie ihre Mäntel, Schirme und Hüte,
es war nichts mehr zu sehen von Freundschaft und Güte.

Sie verließen das Haus mit stampfenden Schritten,
die Hilde wäre sogar beinahe ausgeglitten.
Dass der Abend so ein Ende nehmen muss,
aber genug ist genug und dann ist eben Schluss!

Was hatte sich bloß der Erfinder des Spieles gedacht,
als er diese blöden Spielregeln gemacht?
Glaubte er, alles sei Friede, Freude, Eierkuchen,
wenn vier Personen das Spiel zu gewinnen versuchen?

»Mensch ärgere dich nicht« klingt so gar nicht nach Ekstase,
warum nannte er es nicht »Gib deinem Gegner eins auf die Nase«?
Oder »Mensch ärgere dich schwarz« wäre auch angemessen,
der Titel sagt schon, die guten Manieren kann man vergessen.
Das hätte besser gepasst und jeder Spieler hätte gewusst,
dass er die Spielfiguren mit seinem Leben verteidigen muss!

Fragen

- Mit wem haben Sie gerne »Mensch ärgere dich nicht« gespielt?
- Worüber haben Sie sich dabei schon einmal richtig geärgert?
- Können Sie gut verlieren?
- Welche Gesellschaftsspiele kennen Sie noch?
- Haben Sie bei Gesellschaftsspielen geschummelt?
- Haben Sie einen Mitspieler absichtlich gewinnen lassen? Wenn ja, warum?

Haste was, dann biste was!

Tipp
Die folgende Geschichte enthält eine Fülle von alten Sprichwörtern und Redewendungen, die Senioren gut ergänzen können.

Katharina war ein hübsches Mädchen und lebte mit ihren Eltern und ihrer Großmutter auf einem Bauernhof. Es gab immer Arbeit, vor allen Dingen mit den Kühen, die morgens und abends gemolken werden mussten. Nach dem Melken wurden sie auf die Weide und am Abend wieder zurück in den Stall getrieben. Katharinas Vater, der Bauer Heinrich, sagte immer: *»So ist das nun mal, eine Kuh macht Muh … viele Kühe machen Mühe! Da beißt die Maus … keinen Faden ab!«* Der Lieblingsspruch ihrer Mutter lautete: *»Der frühe Vogel … fängt den Wurm!* Also raus aus den Federn und ran an die Arbeit!«

Katharina war es gewohnt, dass ihre Eltern nicht so viel Geld hatten wie die Eltern einiger Klassenkameraden, die ständig neue Kleidungsstücke bekamen, die gerade modern waren. Wenn bei Katharina etwas kaputt ging, wurde es von ihrer Großmutter, genannt Oma Irmi, geflickt oder gestopft. *»Langes Fädchen, … faules Mädchen!«*, sagte sie dabei oder *»Doppelt genäht … hält besser!«*

Katharina war auch noch nie in den Urlaub nach Spanien, in die Türkei oder etwa nach Amerika geflogen. Ihre Familie hatte es bisher nur an die Ostsee geschafft und selbst das war schon einige Jahre her.

Manchmal, wenn Katharina in der Schule wegen ihrer einfachen Kleidung gehänselt worden war, setzte sie sich am Nachmittag zu Oma Irmi, und erzählte ihr ihren Kummer. *»Haste was, … dann biste was«*, sagte Oma Irmi. »Das war schon immer so. Aber dich deswegen zu hänseln, ist gemein und dumm! *Dummheit und Stolz … wachsen auf demselben Holz.* Die Familien deiner Klassenkameraden sind nichts Besseres als wir, mein Kind. Glaub mir, *selbst die größten Könige gehen … zu Fuß auf's Klo!* Irgendwann werden sie alles zurückbekommen. *Übermut tut … selten gut! Ein jeder soll erst mal vor seiner eigenen Türe … kehren. Wahrscheinlich sehen sie den Wald … vor lauter Bäumen nicht!«*

»Das kann schon sein«, sagte Katharina. »Aber sie haben nun mal schönere Klamotten als ich und auch mehr Geld und selbst die Sabine spricht kaum noch mit mir. Am liebsten würde ich gar nicht mehr in die Schule gehen!«

»Aber Kathinka, was hör ich denn da?« rief Oma Irmi entsetzt. »Weißt du, was meine Mutter immer zu mir sagte, wenn mal wieder ein Wunsch nicht in Erfüllung gegangen ist? Habe Geduld, mein Kind!«, sagte sie. *»Auch Rom wurde … nicht an einem Tag erbaut.* Der Mensch kann noch so viel Geld und Reichtümer besitzen und trotzdem nicht glücklich sein. Neid ist ein denkbar schlechter Lebensberater. Und manchmal sehen Dinge nur von außen toll aus. Wenn du hinter die Kulissen schaust, merkst du, es ist *außen hui und … innen pfui! Außer Spesen … nichts gewesen! Es ist nicht alles Gold, … was glänzt.* Irgendwann werden es auch deine Schulkameraden verstehen, dass *Geben seliger ist … denn Nehmen!* Und das, was man dem anderen gibt, muss weiß Gott kein Geld sein, sondern etwas viel, viel Wertvolleres: die

Liebe, die Achtsamkeit und der gegenseitige Respekt. Und dann Kathinka, bist du nämlich ganz weit vorn. Es heißt nicht umsonst: *Die Letzten … werden die Ersten sein!* Deine Schulkollegen müssen erst einmal *runter kommen von ihrem hohen … Ross.* Du weißt ja, *auch auf dem höchsten Thron … sitzt man auf dem eigenen Hintern!*«

Katharina musste lachen. Sie liebte die alten Sprichwörter von Oma Irmi und die Art, wie sie immer wieder die richtigen fand, um ihre Enkelin zu trösten. Oma Irmi hatte recht, wenn sie sagte: *»Demut, diese schöne Tugend, … ehrt das Alter und die Jugend!«*

Ab in den Ruhestand

Ich hab es gut, bin außer Rand und Band,
denn heut beginnt mein wohlverdienter Ruhestand!
Ich werde anstatt meines Amtes zu walten
an jedem Ersten Rentenzahlungen erhalten.

Meine Berufslaufbahn ist hier und heut zu Ende,
ich lauf nur noch aus Spaß und im Gelände.
Es tut mir wirklich gar nicht leid,
denn in Zukunft hab ich jede Menge Zeit.

Früh morgens, noch schön warm zugedeckt,
wenn mich kein Wecker mehr aufweckt,
wird mir um's Herz bestimmt nicht schwer,
denn zur Arbeit muss ich ja nicht mehr.

Ich stehe auf, gut gelaunt und frohen Mutes,
die Rente hat tatsächlich etwas Gutes:
Ich muss nicht mehr im Arbeitsstress versinken
und kann endlich in Ruhe Kaffee trinken!

Zu diesem Zweck haben mir meine Kollegen mit Bedacht
eine wunderschöne, große Tasse mitgebracht.
So soll ich schon morgens beim Kaffee einschenken,
an meine noch schuftenden Kollegen denken.

Sie sagten, ich hätte mit viel Schweiß und Nervenkraft,
so allerhand in meinem Arbeitsleben geschafft,
wäre darüber ein wenig alt und grau geworden,
hätte verdient einen selbstgebastelten Orden.

Den hängten sie mir gleich um, ich fühlte mich geehrt,
genoss den Ruhm und die Ehre ganz unbeschwert
und dachte im Herzen voller Wehmut und Glück
an viele schöne Erlebnisse zurück.

Endlich im Ruhestand, nie mehr Überstunden,
ich hab mich wirklich lang genug geschunden.
Ich werde am Abend im Sofa versinken
und gemütlich ein Gläschen auf die Ruhe trinken.

Dafür schenkten die Kollegen mir eine Flasche
aus ihrer prall gefüllten Geschenketasche.
Sie sagten: »Zum Abschied für dich ein köstlich Getränk,
betrachte es als ein Erinnerungsgeschenk.
Wenn du dich ganz in Ruhe widmest dem Alkohol,
dann trink auf deiner fleißigen Kollegen Wohl.

Und sollte dich einmal die Langeweile quälen,
darfst du liebend gern unsere Nummer wählen.
Du hast es gut, wir beneiden dich sehr,
genieße die Freiheit und das Leben noch mehr!«

Fragen

- Wie haben Sie Ihren Abschied aus dem Beruf erlebt?
- Haben Sie in Ihrem Ruhestand neue Hobbys kennengelernt? Wenn ja, welche?
- Wofür haben Sie sich im Ruhestand endlich Zeit genommen?

Der Tante-Emma-Laden

Ich mach mich gleich auf den Weg zu Tante Emmas Laden,
die Mutter schickt mich zu holen Nadel und Faden.
Und wenn ich schon mal dorthin laufe, hüpfe und springe,
wär es nett, wenn ich gleich noch zwei Pfund Mehl mitbringe.
Frische Hefe dürfte es auch noch sein
und ein paar Scheiben Schinken von Bauer Huberts Schwein.
Fünf Eier bräuchte die Mutter für den Sonntagskuchen,
zum Glück darf ich bei Tante Emma immer ein Bonbon versuchen.
Wenn das Geld mal nicht reicht, ist das auch nicht so schlimm,
Tante Emma schreibt für uns an ohne viel Klimbim.
Kurz bevor ich losgehe, ruft der Vater mir zu:
»Bring noch guten Kleber mit für die kaputten Schuh,
und vergiss bloß die sauren Gurken nicht,
die sind bei Tante Emma wirklich ein Gedicht.«

Grad als ich am Gartenzaun bin, ruft meine Mutter:
»Kind, ich bitte dich, denk an das halbe Pfund Butter
und bring für die Lampe im Flur eine Glühbirne mit,
kannst du dir das alles merken, ist dein Köpfchen so fit?
Lass dir von Tante Emma die Rabattmarken geben,
dann können wir sie sofort in das Heftchen einkleben.
Ist das Heft voll, gibt es für eine Mark fünfzig Limonade
oder sogar eine Tafel von der köstlichen Schokolade.
Das können wir keinesfalls verschenken,
deshalb musst du unbedingt daran denken!«

Au backe, ob ich mir das alles merken kann?
Am Ende schleppe ich die falschen Dinge zu Hause an,
dann darf ich schnurstracks zurück marschieren
und den Einkauf bei Tante Emma reklamieren.
Nochmal von vorn: Mehl und Hefe, Schinken, Nadel und Faden,
was sollte ich noch bringen aus Tante Emmas Laden?
Fünf Eier, Kleber und ein halbes Pfund Butter
sollte ich kaufen für meine Mutter,
außerdem saure Gurken und eine Glühbirne für den Flur,
von schlechtem Gedächtnis bei mir bisher keine Spur.
So hüpfe ich von dannen, pfeife ein Lied und hab unterdessen,
auf dem Weg zu Tante Emma meinen Einkauf tatsächlich vergessen.

Fragen

- Hatten Sie in Ihrem Wohnort auch einen Tante-Emma-Laden und was gab es dort alles zu kaufen?
- Kennen Sie noch die Rabattmarken?
- Was mussten Sie als Kind einkaufen?

Der Regenbogen

Neulich fuhr ich mit dem Auto einen recht weiten Weg,
hatte lange nicht solch eine Strecke zurückgelegt.
Ich betete und sprach in Gedanken gen Himmel:
»Liebe Engel, bitte führt mich sicher durch dieses Autobahngewimmel!«
Und eh ich mich versah, erblickte ich am Horizont ungelogen,
einen in traumhaften Farben schillernden Regenbogen.
Er leuchtete heller und klarer als jeder andere zuvor
und ich fuhr unter ihm durch wie durch ein riesiges Tor.
Meine Angst war verflogen, ich fühlte mich sicher begleitet
und von himmlischen Kräften behutsam nach Hause geleitet.

Nicht verzagen, Oma fragen

Der kleine Paul war gerade sieben
und über Nacht bei seiner Oma geblieben.
Die beiden verstanden sich gut, erzählten sich viel,
mal war es lustig, mal ging es um viel Gefühl.

Als Oma und Enkel bequem in den Betten lagen,
sagte Paul: »Oma, ich muss dich was fragen.
Es geht um die blonde Kathrin aus der 3. Klasse,
sie sticht durch ihre Schönheit raus aus der Schülermasse.

Wenn ich sie sehe, lauf ich im Gesicht knallrot an,
stehe dumm auf dem Schulhof rum wie ein Blödian.
Und dann fangen meine Knie an zu schlottern,
ich kann nicht mehr sprechen, sondern nur stottern.

In meiner Brust schlägt mein Herz ganz laut und schnell,
im Kopf fahren die Gedanken und Gefühle Karussell.
Was kann das nur sein? Ich frag dich ganz im Vertrauen,
denn auf deine Ratschläge konnte ich bisher immer bauen!«

Da sprach die Oma:
»Liegt dir etwas schwer im Magen,
nicht verzagen – Oma fragen!

Das, was dich plagt, kennt die Menschheit seit Jahren,
auch ich hab dasselbe schon mehrfach erfahren.
Zahlreiche Dichter haben dieses Gefühl bereits beschrieben,
auch sie sind davon nicht verschont geblieben.

Es ist einfach so, man kann sich nicht dagegen wehren,
bringt auch nichts, es würde nur alles erschweren.
Das, was du mir so eindrucksvoll geschildert hast,
bedeutet, wenn wir betrachten alles zusammengefasst,
dass es für diese Sache keine Altersgrenze gibt,
mein Junge, ich sage dir, du bist zum ersten Mal verliebt!«

Fragen

- Erinnern Sie sich noch an das Gefühl des ersten Verliebt-Seins und wer war Ihr/e Auserwählte/r?
- Können Sie beschreiben, was Sie genau gefühlt haben – ein Kribbeln, Schmetterlinge im Bauch oder zwei weiche Knie?
- Wie haben Sie sich gegenüber Ihrer/Ihrem Auserwählten verhalten?

Der Arztbesuch

»Herr Doktor«, sag ich, »die Sache ist so,
liege ich auf dem Rücken, zwickt's mich im Po
und wenn ich mich langsam auf die Seite drehe,
tut's übelst weh in meiner rechten, großen Zehe.

Versuche ich mich dann auf den Bauch zu legen,
schmerzt es sofort in der Magengegend.
Dreh ich mich dann wieder um auf den Rücken,
muss ich heftige Blähungen unterdrücken.

Wenn ich dann am Tage mal in meinem Sessel sitze,
spüre ich, wie ich schon beim Nichtstun schwitze.
Was kann das bloß sein, was stimmt mit mir nicht?
Betrachten Sie mich mal von Angesicht zu Angesicht!

Herr Doktor, Sie dürfen vor allem nicht vergessen,
dass ich kaum noch Spaß hab am Essen.
Ab und zu ein Schnitzelchen hier, ein Törtchen da,
mal eine Tafel Schokolade und ein Salat mit Paprika!

Selbst den Alkohol kann ich nicht mehr vertragen,
jeder einzelne Schnaps schlägt mir gleich auf den Magen!
Trink ich trotzdem einen, fängt meine Nase an zu jucken
und kurz darauf mein rechtes Auge zu zucken.

Dann zieht es runter bis in den linken Fuß,
Herr Doktor, das macht mich wirklich konfus!
Dazu kommt ja noch meine schlimme Allergie,
die äußert sich mit roten Punkten direkt unter'm Knie.

Und wenn ich ein Bein heben will in die Lüfte,
schmerzt es wie Teufel in meiner Hüfte.
Was ich Ihnen sage, mir ist echt nicht nach scherzen,
ich glaube, es stimmt etwas nicht mit meinem Herzen.

Meist schlägt es pa-dam-pa-dam-pa-dam,
und plötzlich stolpert es pam-pam-pam-pam!
Man sagt ja, das kann an den Zähnen liegen,
das hat mir mein Zahnarzt bis jetzt verschwiegen.

Mein Gehör ist übrigens auch nicht mehr so wie es mal war,
damals, als ich mit meinem Walter trat vor den Traualtar.
Herr Doktor, was machen Sie denn für ein ratloses Gesicht?
Steht es denn wirklich so schlecht um mich?«

»Liebe Frau Walkenkötter«, spricht der Doktor geheimnisvoll,
»ich weiß gar nicht, wie ich es Ihnen sagen soll!
Ich kann bei so vielen Bagatellen,
unmöglich ad hoc eine Diagnose stellen!
Am besten schicken Sie mir erst mal Walter, Ihren Mann,
dann verschreib ich dem armen Kerl eine große Flasche Baldrian!«

Engelchen und Teufelchen

Wer kennt sie nicht, die zwei, die auf den Schultern sitzen
und wegen Kleinigkeiten unsere Gemüter erhitzen.
Das Engelchen auf der einen, das Teufelchen auf der anderen Seite,
einig sind sie sich nie, verbunden meistens nur im Streite …

Teufelchen:
»Du warst heut wirklich fleißig, das ist eine Belohnung wert,
schau dich mal an, du wirkst ja schon ganz ausgezehrt!
Gönn dir ein leckeres Eis, ausnahmsweise mal mit Sahne drauf,
halt einfach an, da vorne steht die Leckerei grad zum Verkauf!«

Engelchen:
»Hör doch nicht auf das, was der alte Tölpel sagt,
morgen früh trifft dich wieder mal der Schlag,
wenn du voll Bedauern auf die Waage steigst
und diese eine viel zu hohe Zahl anzeigt!«

Teufelchen:
»Lass dich doch von Zahlen nicht erschrecken,
die kleinen Pölsterchen kannst du mit Kleidung gut verdecken.
Du hast deinen Job fürwahr sehr gut gemacht,
drum ist Belohnung in Form von Kalorien angesagt!«

Engelchen:
»Ich glaub es nicht, wo ist sie hin, die Disziplin?
Ist alles Wissen über gesundes Essen schon wieder dahin?
Lässt du dich wirklich so einfach dazu verleiten,
den Pfad der Kaloriensünde zu beschreiten?«

Teufelchen:
»Nun übertreibt es aber, das liebe Engelein,
muss denn heutzutage jeder eine Schönheit sein?
Mehr Mut zur Hässlichkeit ist mein Bestreben,
ohne Disziplin lässt es sich doch viel leichter leben!«

Engelchen:
»Ja, leichter schon, aber kommt es denn darauf an?
Steht nicht etwas anderes ganz groß auf unserem Lebensplan?
Sollte der Mensch nicht sich selber lieben und das Leben genießen,
anstatt bei jedem kleinen Makel in Selbstmitleid zu zerfließen?
Würden wir beide ihn gemeinsam zu maßvollem Genuss anleiten,
dann müssten wir uns auch nicht andauernd streiten!
Das wäre für uns beide in der Tat ein großer Gewinn
und für unsere beeinflussbaren Menschen ohnehin!«

Das kleine Hilfsmittel

Kurz nachdem der kleine Erwin ward geboren,
hatte er sich ein großes Vorbild auserkoren.
Er lächelte seinen Großvater verschwörerisch an,
seine Blicke sagten: »Du bist ab jetzt mein Kumpan!«

Gemeinsam unternahmen sie vielerlei Sachen,
meistens solche, die nur echte Männer machen.
So kam es, dass die beiden beschlossen haben,
die alten Büsche im Garten auszugraben.

Sie stachen den Spaten in die Erde mit voller Manneskraft,
doch schnell hatten die dicken Wurzeln die Männer geschafft.
Da sprach der Großvater:
»Mein Junge, wir werden der Lage mit dem Spaten nicht Herr,
ich glaube, ein kleines Hilfsmittel muss her!«

Der Erwin dachte nach und sagte:
»Du weißt, mein Kamerad, es soll dir immer wohl ergehen,
deshalb werde ich dir ein Leben lang zur Seite stehen.
Schau mich an, ich bin doch noch recht klein,
also lass mich doch dein kleines Hilfsmittel sein!«

Der Morgenmuffel

> ***Tipp***
> Nutzen Sie das folgende Gedicht, um über liebgewonnene Gewohnheiten und Rituale ins Gespräch zu kommen.

Ich lieg so schön bequem und warm in meinem Bett,
träume von einem Brötchen mit Zwiebeln und Mett,
da fängt schon beim ersten Tagesschimmer,
mein Wecker laut an zu klingeln, wie immer!

Oh nein, denke ich, noch kraftlos und völlig zerschlagen,
das Aufstehen bereitet mir wirklich großes Unbehagen.
Ich dreh mich noch mal um, nur für einen kleinen Moment,
im Weiterschlafen bin ich wirklich sehr konsequent.

Schnell tauche ich wieder ab ins Land der Schlaraffen,
lasse mir im Traum ein Stück Sahnetorte beschaffen.
Und als ich grad ein Häppchen davon naschen will,
klingelt mein Wecker schon wieder ganz schrill.

Wer hat sich so was Blödes nur ausgedacht?
Aufzustehen, noch im Tran und mitten in der Nacht!

Ich fühle mich matt, schlaftrunken und ausgelaugt,
das Aufstehen hat mir schon so manchen Tag versaut!

Doch nutzt es nichts, ich muss mich aus dem Bette quälen,
hör den Rest der Familie am Frühstückstisch rumkrakeelen.
Es ist mir ein Rätsel, dass sie schon so gute Laune haben,
mir schlägt so ein Tagesanbruch immer tüchtig auf den Magen.

Ich schleppe mich ins Bad, versuche es mit einem Tropfen Wasser,
der Spiegel sagt: Mein Gott, du wirst ja jeden Tag blasser!
Du kannst dich ja kaum auf den Beinen halten
und um deine Augen bilden sich hässliche Falten!

Erschöpft lasse ich mich auf's Wasserklosett sinken,
muss gleich einen starken Kaffee trinken.
Hatte nicht irgendjemand mal gesagt, die Morgenstunde,
hätte so etwas Wertvolles wie Gold im Munde?

Finde die Tiere (2)

Übung

Die folgende Geschichte ist eine ideale Gruppenübung mit ein wenig »Wettkampfcharakter«. Denn aufmerksame Zuhörer rufen »Stopp«, wenn im Text ein Tier genannt wird und nennen es noch einmal laut.

Als Friedhelm aufwachte, fühlte er einen starken, hämmernden Kopfschmerz. Er stöhnte und hielt sich die Hand an die Stirn.

»Na, hast du einen ordentliche **Kater**?«, fragte seine Frau Gundel. »Das geschieht dir recht!«

»Hast du einen **Vogel**, Gundel? Ich glaube, mein **Schwein** pfeift. Wovon soll ich einen **Kater** haben?«, fragte Friedhelm genervt. »Mein Name ist **Hase**, ich weiß von nix!« Er räusperte sich. »Außer, dass ich einen **Frosch** im Hals habe, aber das hat nichts mit dem Alkohol zu tun!«

»Friedhelm«, sagte Gundel gereizt. »Du musst mir keinen **Bären** aufbinden. Ich weiß auch so, dass du wieder einmal zu viel getrunken und wahrscheinlich den tollen **Hecht** gespielt hast, um die weiblichen Wesen zu beeindrucken! Da hab ich noch ein **Hühnchen** mit dir zu rupfen, mein Lieber! Langsam solltest du aus dem Alter raus sein, wo man so ein **Affen**theater aufführt!«

»Ha, ha, da lachen ja die **Hühner**! Nun wein mal keine **Krokodil**stränen, Gundel!«, sagte Friedhelm. »Ab und zu mal ein Bierchen trinken ist doch kein Verbrechen. Und die anderen Damen sehe ich doch gar nicht. Die Zeiten, in denen ich Augen wie ein **Luchs** hatte und das schwarze **Schaf** der Familie war, sind vorbei. Sei wieder gut und gib mir ein Bussi, Gundelchen! Und vielleicht noch eine Kopfschmerztablette, das letzte Bierchen muss wohl doch schlecht gewesen sein!«

Gundel gab ihrem Mann ein Bussi und sagte versöhnt: »Du bist immer noch ein ganz schön schlauer **Fuchs**, Friedhelm!«

Was bedeuten die Redewendungen?

- **Einen Kater haben:** Unwohlsein nach Alkoholgenuss.
- **Einen Vogel haben:** verrückt, wahnsinnig sein, nicht ganz bei Verstand sein.
- **Ich glaube, mein Schwein pfeift:** Ausruf ungläubigen Erstaunens, der Empörung (Schweine können grunzen, aber auf keinen Fall pfeifen).
- **Mein Name ist Hase, ich weiß von nichts:** Geht zurück auf den Juristen Victor Hase, der seine eigene Vernehmung mit diesem Satz einleitete.
- **Einen Frosch im Hals haben:** Sich räuspern müssen, nur mit krächzender Stimme sprechen können.
- **Den tollen Hecht spielen:** Den erfolgreichen Mann oder Draufgänger spielen.
- **Mit jemandem ein Hühnchen zu rupfen haben:** Über jemanden verärgert sein; mit jemandem einen Streit austragen / klären.
- **Da lachen ja die Hühner:** Etwas ist total absurd / lächerlich.
- **Ein Affentheater aufführen:** ein übertriebenes Verhalten zeigen.
- **Krokodilstränen weinen:** geheuchelte Betroffenheit, unechtes Mitgefühl zeigen.
- **Augen wie ein Luchs haben:** alles sehen können, ein gutes Sehvermögen haben.
- **Ein schwarzes Schaf sein:** Außenseiter; jemand, der in seiner Umgebung unangenehm auffällt.
- **Schlau wie ein Fuchs sein:** ein gerissener, raffinierter, eventuell auch hinterlistiger Mensch sein.

Winter

Bauernregeln

... für den Dezember

Im Dezember Schnee und Frost, das verheißt viel Korn und Most.
Ein dunkler Dezember bringt ein gutes Jahr, ein nasser macht es unfruchtbar.
Weißer Dezember, viel Kälte darein, bedeutet, das Jahr soll fruchtbar sein.
Sturm im Dezember und Schnee, dann schreit der Bauer juchhe.
Dezember mild mit viel Regen, ist für die Saat kein großer Segen.
Dezember warm – Gott erbarm.
Ist's im Dezember kalt, wird der Winter zwar hart, aber der Frühling kommt bald.
Es folgte noch allezeit und immerdar auf kalten Dezember ein fruchtbar Jahr.
Donnert's im Dezember gar, kommt viel Wind das nächste Jahr.
Auf kalten Dezember mit tüchtigem Schnee folgt ein frucht-bar' Jahr mit reichlich Klee.
Eine gute Decke von Schnee bringt Winterkorn in die Höh'.
Je dicker das Eis um Weihnacht liegt, je zeitiger der Bauer Frühling kriegt.
Dezember kalt mit Schnee, tut dem Ungeziefer weh.
Bringt Dezember Kälte ins Land, dann wächst das Korn selbst auf dem Sand.

Viel Wind in den Weihnachtstagen, reichlich Obst die Bäume tragen.
Weihnachten sei nur auf dem Tisch grün, im Dezember sollen die Eisblumen blühn.
Bringt das Christkind Kält' und Schnee, drängt das Winterkorn in die Höh'.
Ist die Christnacht hell und klar, folgt ein höchst gesegnet Jahr.
Ist's windig in den Weihnachtstagen, sollen die Bäume viele Früchte tragen.
Weihnachten frostig, sonnig, klar, bringt ein günstig Wetterjahr.
Silvesternacht wenig Wind und Morgensonn, gibt viel Hoffnung auf Wein und Korn.
Wind in Silvesters Nacht hat nie Korn und Wein gebracht.

... für den Januar

Morgenrot am Neujahrstag, Unwetter bringt und große Plag.
Ist der Januar hell und weiß, wird der Sommer sicher heiß.
Januar muss vor Kälte knacken, wenn die Ernte gut soll sacken.
Eis und Schnee im Januar, künden ein gesegnet' Jahr.
Der Januar muss krachen, soll der Frühling lachen.
Wenn im Januar viel Nebel steigen, wird sich ein schön Frühjahr zeigen.
Ist der Januar sehr nass, bleibt leer des Winzers Fass.
Sind im Januar die Flüsse klein, gibt's im Herbst einen guten Wein.
Ist der Januar gelind, die Trauben im Oktober trefflich sind.
Ist Dreikönig hell und klar, gibt's viel Wein in diesem Jahr.
Ist bis Dreikönig kein Winter, folgt keiner mehr dahinter.

Heiligdreikönig sonnig und still, Winter vor Ostern nicht weichen will.
Wenn der Januar trocken, füllt sich der Speicher mit Roggen.
Wenn der Januar ist sehr milde, führt er gutes Frühjahr und heißen Sommer im Schilde.
Wenn der Frost nicht im Januar kommen will, so kommt er im März oder April.
Januardonner über'm Feld, bringt noch große Kält'.

... für den Februar

Wenn der Hornung* warm uns macht, friert's im Mai noch oft bei Nacht.
Wenn's der Hornung gnädig macht, bringt der Lenz den Frost bei Nacht.
Im Hornung Schnee und Eis, macht den Sommer lang und heiß.
Rauer Februar, schöner August.
Wenn's im Februar nicht schneit, schneit es in der Osterzeit.
Wenn's im Februar regnerisch ist, hilft's soviel wie guter Mist.
Ist der Februar trocken und kalt, kommt im Frühjahr Hitze bald.
Februar mit Sonnenschein und Vogelsang, macht dem Bauern Angst und Bang.
Im Februar zu viel Sonne am Baum, lässt dem Obst keinen Raum.

---

* Der Februar wird im Volksmund auch »Hornung« genannt, weil in dieser Zeit das Vieh hörnt.

Was ist es?

Tiere

Es ist ein Tier und gehört zur Familie der Rüsseltiere:

- Diese Tiere leben in Herden.
- Die Herde wird von einer Leitkuh angeführt.
- Das Tier hat eine verlängerte Nase mit Nasenlöchern (Rüssel).
- Im Oberkiefer hat es zwei Stoßzähne aus wertvollem Elfenbein.
- Die Mutterkuh trägt das Kalb 20–22 Monate.
- Das Kalb wiegt bei der Geburt bis zu 100 Kilogramm.
- Das Tier kann mit seinem Rüssel pro Zug 8–10 Liter Wasser aufnehmen.
- In fünf Minuten kann es 200 Liter Wasser trinken.
- Männliche Tiere können bis zu 6000 Kilogramm wiegen, weibliche bis zu 3000 Kilogramm.

Lösung: der Elefant

Es ist ein Tier und gehört zu den Großkatzen:

- Es ist hauptsächlich in Asien verbreitet.
- Sein Fell hat dunkle Streifen auf goldgelbem bis rotbraunem Grund.
- Diese Fellzeichnung dient der Tarnung.
- Die Tiere leben als Einzelgänger.
- Sie ernähren sich von größeren Huftieren.
- Sie haben besonders große Eckzähne, die auch Reißzähne genannt werden.

Lösung: der Tiger

Es ist ein Tier und gehört zur Art der Katzen:

- Das Tier lebt in Rudeln.
- Es hat kurzes, sandfarbenes oder gelblich bis dunkel ockerfarbenes Fell.
- Das Männchen kennzeichnet eine meist dunkelbraune Mähne.
- Es ist die zweitgrößte Katze und das größte Landraubtier Afrikas.
- Es jagt meist in der Dunkelheit oder in den kühlen Morgenstunden.
- Zu seinen Beutetieren gehören Antilopen, Gazellen, Büffel, Zebras, Hasen, Vögel und manchmal Fische.
- Jungtiere gehen im Alter von drei Monaten zum ersten Mal mit der Mutter zur Jagd – erst im Alter von zwei Jahren haben sie die Jagdkunst richtig erlernt.

Lösung: der Löwe

Es ist ein Tier und gehört zur Gattung der Pferde:

- Es ist gekennzeichnet durch ein schwarz-weißes Streifenmuster in seinem Fell.
- Es lebt in Herden mit bis zu 100 Tieren.
- Es ist ein Pflanzenfresser und mag Blätter, Rinden, Gras und Kräuter.
- Es kann maximal drei Tage ohne Wasser auskommen.
- Das Weibchen bringt in der Regenzeit zwischen November und April ein einzelnes Fohlen zur Welt.
- Die Tragzeit beträgt ein Jahr.
- Das Fohlen kann schon nach 15 Minuten laufen.

Lösung: das Zebra

Es ist ein Tier und gehört zu den nächsten lebenden Verwandten des Menschen:

- Seine Arme sind länger als die Beine.
- Die Hände und Füße enden in fünf Fingern bzw. Zehen.
- Es hat dunkelbraunes bis schwarzes Fell.
- Das Gesicht ist unbehaart.
- Es kann auf Bäumen und am Boden nach Nahrung suchen.
- Dieses Tier ist tagaktiv und legt sich zur Nachtruhe ein Blätternest in den Bäumen an.
- Es lebt in Großgruppen.
- Es ist ein Allesfresser und mag Pflanzen wie Früchte und Nüsse, Blätter, Blüten, Samen, aber auch Insekten und kleine Säugetiere wie Fledermäuse.
- Das Weibchen bringt nach einer Tragzeit von 220 bis 250 Tagen ein einzelnes Jungtier zur Welt.
- Das Junge wiegt bei der Geburt 1–2 Kilogramm.
- Das Junge klammert sich in den ersten Monaten am Bauch der Mutter fest, später reitet es auf ihrem Rücken.

Lösung: der Schimpanse

Es ist ein Säugetier und gehört zur Ordnung der Paarhufer:

- Die Männchen (Bullen) werden bis zu 6m hoch und rund 1600 Kilogramm schwer.
- Die Weibchen (Kühe) werden bis zu 4,5 Meter hoch und etwa 830 Kilogramm schwer.
- Das Tier hat einen außergewöhnlich langen Hals.
- Die Zunge kann 50 Zentimeter lang werden.
- Das Haarkleid: dunkle Flecken auf hellerem Grund.
- Die Flecken dienen der Tarnung und der Regulierung der Körpertemperatur.

- Männchen und Weibchen haben am Kopf zwei zapfenartige Hörner.
- Die Tiere können bis zu 55 Kilometer pro Stunde schnell laufen.
- Die Tiere lieben Akazien als Nahrung – dabei greifen sie mit ihrer langen Zunge einen Zweig, ziehen ihn ins Maul und streifen durch Zurückziehen des Kopfes die Blätter ab.
- Sie leben einzelgängerisch oder in losen Verbänden.
- Das Weibchen bringt nach 14–15 Monaten Tragzeit ein einzelnes Kalb auf die Welt.
- Das Kalb kann innerhalb einer Stunde fest auf den Beinen stehen und nach wenigen Stunden laufen.

Lösung: die Giraffe

Es ist ein flugunfähiger Seevogel:

- Er passt sich an das Leben im Meer und in den extremen Kältezonen der Erde an.
- Er hat einen stämmig wirkenden Körper.
- Er hat einen kurzen, kräftigen Schnabel.
- Er hat schmale, kräftige Flossen.
- Er hat einen watschelnden Gang.
- Das Gefieder besteht aus haarähnlichen Federn.
- Die Federn sind am Rücken blaugrau bis schwarz.
- Der Bauch ist weiß.
- Die Augen sind auf scharfe Unterwassersicht ausgerichtet.
- Er gibt trompetenhafte Rufe und lautes Schnarren von sich.
- Er kehrt nur zum Brüten und Federwechsel an Land zurück.
- Er ernährt sich von Fischen und Krebstieren.

Lösung: Der Pinguin

Der Schneemann

Tipp
Wenn sich ein guter Zeichner unter den Zuhörern befindet, kann er beim Vorlesen den Schneemann Stück für Stück zeichnen. So haben am Ende alle das fertige Bild des Schneemanns vor Augen.

Wir haben heut etwas vor, ich sag's euch im Vertrauen,
wir werden einen richtig tollen Schneemann bauen!
Einen, den die Welt noch nicht gesehen hat
und der Aufsehen erregt in unserer Stadt!

Was wir dazu brauchen, liegt draußen bereit,
denn es hat die ganze Nacht geschneit und geschneit!
Aus einem Schneeball rollen wir einen riesigen Ball,
das klappt schon mal gut und ohne Zwischenfall.

Auf die große Kugel wird eine kleinere gelegt vom Willibald,
da trifft ihn doch mittendrin ein Schneeball aus dem Hinterhalt.
Und schon kommt mit dem Schneemannkopf die Mechthild herbei,
setzt ihn gekonnt auf den Bauch – eins, zwei, drei!

Nun steht er da, der Schneemann, ganz in weiß und ziemlich nackt,
nichts anzuziehen hat er, kein Hemd und keinen Frack.
Der arme Kerl wird frieren, das geht doch nicht,
wir müssen ihm Klamotten besorgen, das ist unsere Pflicht!

Als erstes erscheint unser Kumpel Knut mit einem alten Topf
und setzt ihn dem Schneemann gekonnt auf den Kopf.
Der steht ihm gut und schon kommt auch die Charlotte,
sie stibitzte aus der Speisekammer als Nase eine dicke
Karotte.

Als nächstes rennt uns entgegen die kleine Elisabeth
und hält in den Händen für die Augen zwei Stücke Brikett.
Das sieht wirklich gut aus, der Anblick dürfte niemanden
schocken,
doch dann kommt Fritzchen mit einer Perücke aus knallro-
ten Locken!

Die Hilde bindet dem Schneemann um den Bauch eine
blaue Schürze,
das gibt seinem Erscheinungsbild eine ganz besondere
Würze.
Sie sagt: »Abnehmen darf der gute Mann aber nicht,
sonst gerät sein edles Aussehen ganz schnell aus dem Gleich-
gewicht!«

Und der Bruder von der Lotte, der kleine Karl,
opfert sogar für den Schneemann seinen blauen Schal.
Der Peter flitzt nach Haus und kommt mit einem grünen
Mantel,
damit sieht der Schneemann aus wie vom Fritz die alte Tante.

Eh man sich versah und ohne großes Getue,
gibt der Paul dazu seine selbstgestrickten Fausthandschuhe.
Doch wohin damit, der Schneemann hat doch gar keine
Hände
und noch dazu keine Arme, ist das Spiel hier etwa zu Ende?

Aber nein, ruckzuck holt der Bernie einen gebogenen Ast
und hat dem Schneemann daraus zwei Arme angepasst.
Im Nu hat er sie durch die Ärmel der Jacke gezogen,
mit den Handschuhen wirkt das Gesamtbild wirklich
ausgewogen.

Schon kommt um die Ecke die hübsche Lina, das zauber-
hafte Wesen
und legt dem Schneemann in den Arm einen alten, zotteli-
gen Besen.
Man glaubt es kaum, aber begleitet von fröhlichem Kinder-
gejohle,
bringt der Udo ein Paar alte Schuhe mit durchlöcherter
Sohle.

Doch zu guter Letzt fehlt noch etwas in seinem schönen
Gesicht,
er hat Augen und Nase, doch einen Mund hat er nicht.
So schleiche ich ans Bett meiner Oma, sie schläft und leidet
an Migräne
und nehme aus dem Glas auf dem Nachttisch die frisch
gereinigten Zähne!

Schadenfreude

An einem verschneiten Wintertag, ich war vielleicht zehn,
wollte ich nach draußen zum Gleitschuh laufen gehen.
Meine Mutter kannte mich gut und sagte: »Lass es lieber sein,
sonst brichst du dir am Ende noch einen Arm oder ein Bein!«

Doch ich war mutig, schnallte mir die Gleitschuhe unter,
schlenderte die Straße vorsichtig rauf und wieder runter,
ging nach ein paar Minuten auf volles Risiko
und landete unsanft auf Arm und Po.

Ich fing an zu heulen, schlug laut Alarm,
es schmerzte der Po, es schmerzte der Arm.
Meine Eltern fuhren mich zu Doktor Teerstegen,
der Arm kam in Gips, den konnte ich nicht mehr bewegen.

So langweilte ich mich, saß vor dem Fenster im Haus
und schaute zu den glitzernden Schneeflocken hinaus.
Da lachte mich doch aus dem gegenüberliegenden Gebäude
eine alte Frau an, das faltige Gesicht voller Schadenfreude.

»Das darf doch nicht wahr sein«, beschwerte ich mich,
»dass die alte Frau mich belächelt, das gehört sich doch nicht.
Man kann doch ein Kind, das derart vom Schicksal geschlagen,
nicht auch noch verspotten, was ist das für ein Betragen?«

Was ich am nächsten Tag sah, konnte ich erst nicht begreifen,
nun vermochte ich mir ein Lächeln nicht zu verkneifen.
Am Fenster saß die gestern noch triumphierende Frau
und stellte ebenfalls einen Arm in Gips zur Schau!

Da erinnerte ich mich, was uns die Großmutter gelehrt:
»Handle stets rechtschaffen, respektvoll und ehrenwert,
denn ganz egal, ob in West, Süd, Ost oder Nord,
kleine Sünden straft der liebe Gott sofort!«

Der Oberkellner

Auf der letzten großen Familienfeier mit sämtlichen Verwandten,
mit Cousin und Cousine und mit allen Onkeln und Tanten,
da dachte sich der kleine Lutz: Ich werd mich heut mal nützlich machen
und spiele Kellner, bringe der Verwandtschaft die gewünschten Sachen.

Eine Schürze war schnell gefunden, auch ein Block mit Stift zum Schreiben,
schon ging es los, schließlich wollten sich alle was Leckeres einverleiben.
Die Tante bestellte Kaffee, die Oma Wein, die Herren ein Bier,
der Lutz hatte viel zu tun im Verwandtschaftsgewirr.

Er gab freundlich Auskunft über die Höhe der Preise,
er machte das wirklich auf eine sehr nette Art und Weise.
Man merkte ihm den Stress eines Kellners wirklich nicht an,
wenn er etwas machte, dann tat er es mit vollem Elan.

Doch dann fragte seine Mutter etwas, mit dem kein Kellner rechnen muss,
nämlich: »Herr Oberkellner, was kostet hier denn eigentlich ein Kuss?«
»Auweia«, dachte der Lutz, »jetzt wird es für mich aber sehr delikat«.
doch nach einem kurzen Augenblick hatte er auch darauf eine Antwort parat.

Er sagte: »Meine Dame, ich kann Ihnen sagen, ein Kuss kostet nichts in unserem Haus,
doch die Küsse sind für heute bedauerlicherweise schon aus!«

Die Geschichte des Nikolaus

Woher stammte der Knabe namens Nikolaus?
Aus der reichen Stadt Patara (heute Türkei).

Was machte den kleinen Nikolaus so traurig, dass er Tag und Nacht weinte?
Seine Eltern starben fast gleichzeitig an einer bösen Krankheit.

Was erbte Nikolaus von seinen Eltern?
Gold, Silber, Edelsteine, Schlösser, Paläste, Ländereien, Schafe, Pferde, Esel und andere Tiere sowie viele Untertanen, die sich um ihn kümmerten.

Womit versuchten die Untertanen den kleinen Nikolaus aufzumuntern?
Der Hofmeister wollte ihm seine Schlösser zeigen.

Der Stallmeister wollte mit Nikolaus auf den schönsten Pferden durch die Ländereien reiten.

Der Küchenmeister wollte für alle reichen Kinder der Stadt ein köstliches Essen zubereiten.

All das nutzte nichts. Nikolaus wurde immer trauriger. Auch seine Tiere spürten, dass er unendlich traurig war und drängten sich zu ihm. Vom Weinen müde wollte Nikolaus sich schlafen legen und zerstieß mit seinem Fuß einen Krug, in dem sich einige Schriftrollen befanden. Auf einer Rolle stand, dass ein Armer, der hungernd vor der Tür des Reichen lag, bei seinem Tod von den Engeln in den Himmel getragen wurde. Der Reiche, der dem Armen nicht einmal seine Brotkrumen gegönnt hatte, wurde nicht von Engeln geholt als er starb.

Was lernte der kleine Nikolaus aus dieser Geschichte?
Nikolaus verglich sich mit dem Reichen. Er war schön gekleidet und lebte in Saus und Braus. Die Bettler vor dem Stadttor hatte er bisher nicht gesehen. Gleich am nächsten Tag wollte Nikolaus sich um sie kümmern.

Was schenkte Nikolaus den zerlumpten und kranken Bettlern, die ihm ihre Hände entgegen streckten?
Da sein Gewand keine Taschen hatte, verschenkte er seine schwere Goldkette und seinen wertvollen Ring. Dann schlüpfte er aus seinem Obergewand, dem bunten Rock, den Sandalen und schenkte den Bettlern auch noch seine Kleidungsstücke.

Im Laufe der Zeit spendete Nikolaus mit seinem wohltätigen Wirken das gesamte, beträchtliche Vermögen seiner Eltern an die Armen.

Mit 19 Jahren wurde Nikolaus zum Priester geweiht und wenig später zum Bischof von Myra.

Warum wird der Nikolaustag am 6. Dezember gefeiert?
Der Todestag des Bischofs Nikolaus von Myra war ein 6. Dezember zwischen 345 und 351 n. Chr. Zu seinem Andenken feiern wir noch heute den Nikolaustag.

Welche Tradition gibt es in Deutschland am Nikolaustag?
Am Vorabend des 6. Dezember werden Stiefel vor die Tür gestellt oder Socken an den Kamin gehängt, die am nächsten Morgen mit Süßigkeiten gefüllt sind. Es heißt, der Nikolaus beschenkt die artigen Kinder.

Worauf geht dieser Brauch zurück?
Der Bischof von Myra kam eines Nachts am Haus einer Familie vorbei, die so mittellos waren, dass die drei Töchter als Prostituierte ihr Geld verdienen mussten.

Damit die Frauen dieses Tun beenden und heiraten konnten, warf Nikolaus drei Beutel mit Gold durch den Kamin des Hauses. Das Gold fand sich in Stiefeln und Strümpfen wieder, die dort zum Trocknen hingen.

Von wem wurde Nikolaus in einigen Legenden begleitet?
Von seinem furchteinflößenden Gehilfen Knecht Ruprecht, der die verzogenen und unartigen Kinder bestrafen und sie an ihre Frömmigkeit erinnern sollte. In dem großen Sack, den er bei sich hatte, versuchte er angeblich, Kinder zu verstecken.

Der Träumer

Der kleine Berthold erlebt in seinen nächtlichen Träumen,
wie Kerzen erstrahlen an prächtigen Weihnachtsbäumen,
wie die Sterne funkeln am unermesslichen Himmelszelt
und es überall zauberhaft glitzert auf dieser Welt.

In seinen Träumen gibt es keinen Hass, keine Feindseligkeit,
dort sind die Menschen zu Harmonie und Eintracht bereit.
Sie erfreuen sich an dem, was sie haben
und sind dankbar selbst für die kleinsten Gaben.

Das Schönste aber, was Berthold in seinen Träumen erlebt,
ist, wenn ein bezaubernder Engel hinunter zur Erde schwebt,
sich neben ihn stellt und von Herz zu Herz mit ihm spricht,
so als sei gerade Klein-Berti ein einzigartiges Licht.

Dann fühlt er sich himmlisch geliebt und nicht mehr verloren,
fast so, als hätte Gott ausgerechnet ihn auserkoren,
um die Menschheit zu erinnern als unbeirrter Optimist,
dass an Weihnachten Jesus Christus, der Heiland geboren ist.

Ich wünsch mir Zeit

Die Mutter sprach:
»Mein liebes Kind, Weihnachten ist nicht mehr fern,
sag, was wünschst du dir am meisten?
Ich erfülle dir jeden Wunsch von Herzen gern,
Geld spielt keine Rolle, ich kann es mir leisten!«

Da sprach das Kind:
»Ich wünsche mir, dass es bei uns so, wie bei meiner Freundin ist,
dass du, wenn ich aus der Schule komm, zu Hause bist.

Dass du Zeit hast, mit mir gemeinsam zu essen und zu lachen,
dass wir zwei zusammen spielen und verrückte Dinge machen.

Ich brauche keine teuren Geschenke, um damit anzugeben,
solche Dinge sind wirklich nicht alles im Leben.
Ich sehne mich nach deiner ungeteilten Aufmerksamkeit,
was ich mir wünsche, ist etwas mehr von deiner kostbaren Zeit!«

Dein Engel auf Erden

Hast du schon mal einen Menschen getroffen,
der dich verzweifelt weinen ließ und gleichzeitig hoffen?

Der, wann immer du ihn brauchst, Zeit für dich hat,
so als stünde er Tag und Nacht nur für dich parat?

Einen, der dich liebevoll umarmt und dir Wärme schenkt
und dein Leben ohne Worte in positivere Bahnen lenkt?

Einen, der dir zuhört mit unendlicher Geduld
und dir das Gefühl nimmt von schlechtem Gewissen und Schuld?

Wenn du solch einem Menschen in deinem Leben begegnet bist,
sei sicher, dass er **dein** Engel auf Erden ist.

Es gibt ihn also doch, den Weihnachtsmann ...

Der kleine Max saß mit seiner Oma am Küchentisch. Dort, wo nicht nur gegessen, sondern auch viel erzählt, diskutiert und besprochen wird. Auch die beiden hatten hier schon so manches ernsthafte Gespräch unter vier Augen geführt.

Max schaute seine Oma an und flüsterte: »Oma, soll ich dir mal ein Geheimnis verraten?« Sein Gesicht spiegelte genau das, was er mit Worten ausgesprochen hatte: ein riesengroßes Geheimnis!

Oma nickte und flüsterte: »Oh ja, ich liebe Geheimnisse! Raus damit!«

»Aber du darfst es niemandem verraten, okay?«, warf Max ein.

Oma nickte wieder und schaute ihren Enkel neugierig an.

»Also«, wisperte Max, seinen Mund ziemlich nah an Omas Ohr, »das letzte Mal, als der Weihnachtsmann bei uns war, da hab ich gesehen, dass er ein Gummiband an seinem weißen Bart hatte!«

Erwartungsvoll schaute Max seine Oma an. Seine Augen sagten ohne Worte: So, jetzt ist es raus, das Geheimnis und nun kommst du!

Oma schaute ihn entsetzt an und flüsterte zurück: »Meinst du etwa, er hat uns übers Ohr gehauen? Er hatte gar keinen echten Bart? Na, das wär ja allerhand!«

Max nickte vielsagend, die Augen weit offen und die Lippen aufeinander gepresst. »In der Schule hat sogar schon mal ein Junge gesagt, es gibt überhaupt keinen Weihnachtsmann!«

»Waaas?«, rief Oma laut aus, »das wird ja immer besser«.

»Psst!«, machte Mäxchen, »nicht so laut«. Oma hielt ihren Zeigefinger vor den Mund und flüsterte: »Aber wie soll er denn wohl genau an die Geschenke kommen, die die Kinder ihm auf ihren Wunschzettel geschrieben haben? Das kann doch kein Zufall sein!«

»Hm, stimmt!«, murmelte Max. »Er hat mir mal einen Globus gebracht, den ich mir gewünscht hatte!«

»Genau«, stimmte Oma ihm zu. »Und vergiss nicht den blauen Eicher-Traktor, von dem du wirklich lange geträumt hattest, und sogar mir hat er etwas gebracht, nämlich meinen heiß ersehnten Staubsaugerroboter, der jetzt immer so schön für uns staubsaugt, wenn wir auf dem Sofa liegen!« Max nickte zufrieden und schon ein wenig beschwichtigt.

»Also wirklich Max«, sprach Oma weiter. »Ein Betrüger würde sich nicht solche Mühe geben, für jeden, selbst für Omas, das richtige Geschenk zu besorgen, um allen eine Freude zu machen!«

»Ja«, lenkte Max ein, »das glaub ich ja auch, aber was ist mit dem Gummiband an seinem Bart?«.

»Na ja«, überlegte Oma laut, »weißt du noch, wie es war, als ich Opa zum ersten Mal mit der neuen Haarschneidemaschine die Haare geschnitten habe? Da hab ich aus Versehen den kürzesten Aufsatz mit 3 mm genommen und schwupp di wupp hatte Opa mitten auf dem Kopf fast eine Glatze!«. Oma und Max lachten laut los. »Hm, das sah witzig aus!«, trötete Max.

»Und nun stell dir vor«, sinnierte Oma weiter, »der Weihnachtsmann wollte sich vor seiner Schlittenfahrt zu den Kindern den langen, weißen Bart noch ein wenig kürzen, um ordentlich auszusehen, hat in dem ganzen Weihnachtsstress auch den falschen Aufsatz erwischt und schwupp di wupp war der Bart am Kinn fast weg! Was bleibt ihm denn da anderes übrig, als sich einen Bart mit Gummiband aufzusetzen? Die Kinder hätten ihn doch ausgelacht, den armen Kerl«.

Max schaute seine Oma einen Moment lang nachdenklich schweigend an. »Ja, da hast du recht Oma, so könnte es gewesen sein«, sagte er dann beruhigt. »Es gibt ihn also doch, den Weihnachtsmann! Hab ich's doch gewusst!«

Triumphierend lächelnd schauten Oma und Max sich in die Augen und nickten sich verschwörerisch zu.

Die Unterstützung der Engel

Der Weihnachtsmann schaut betrübt auf die Erde herunter,
sieht die Menschen eilig hasten und mitunter
schreit im Stress der eine den anderen an.
Das hat noch nie jemandem gut getan.

Er denkt sich: Was ist aus den Menschen geworden?
Sie haben den Blick für das Wesentliche verloren.
Sie streben nach Besserem, nach Mehr und Mehr,
immer höher werden die Ansprüche und ihr Begehr.

Sie merken gar nicht, in was sie da hinein gerieten,
ich muss diesem Anspruchsdenken Einhalt gebieten.
So ruft der Weihnachtsmann seine helfenden Engel herbei
und erzählt ihnen von des Menschen unnützer Schinderei.

Die Engel schütteln den Kopf und können es nicht fassen,
die Menschen sollen einander lieben und nicht hassen.
Der Weihnachtsmann spricht:
»Lasst uns die besinnliche Adventszeit nutzen,
um die Gedanken der Menschen zu ordnen und zu putzen.

Schickt ihnen liebevolle und versöhnliche Ideen,
sie sollen wieder den Sinn des Weihnachtsfests sehen.
Taucht als vertraute Weggefährten in ihre Träume ein
und lasst die Menschenherzen wieder voller Freude sein.«

Heiligabend

Kaiser Augustus beschloss einst, seinem Volk zu befehlen,
dass ein jeder in seinen Heimatort geht, um alle zu zählen.
So macht sich Josef aus Nazareth nach Bethlehem auf den Weg,
mit Maria, seinem Weibe, die ein Kind unter dem Herzen trägt.

Die beiden kommen dort an und finden kein Quartier,
Maria gebärt im Stall einen Sohn, so steht's auf altem Papier.
Sie wickelt das Kind in Windeln und legt es in eine Krippe hinein,
betrachtet ihren Sohn voller Liebe, das stolze Mütterlein.

Zur gleichen Zeit hüten Hirten ihre Herde auf einem Feld,
plötzlich wird die Nacht von einem strahlenden Engel erhellt.
Er spricht zu ihnen von einem Knaben, der in Bethlehem geboren,
er sei Gottes Sohn, Jesus Christ und als Retter der Welt auserkoren.

Der Engel fordert die Hirten auf, sofort nach Bethlehem zu gehen
und das Kind in der Krippe mit eigenen Augen anzusehen.
Die Hirten gehorchen und machen sich auf den Weg geschwind
und sie finden tatsächlich im Stall in der Krippe liegend das Kind.

Voller Freude und Glückseligkeit machen sie sich auf in die Welt,
jedem wird die frohe Botschaft von der Geburt Jesu Christi erzählt.
Und genau die feiern wir am Heiligen Abend auch nach vielen Jahren,
lasst uns die Freude darüber für immer in unseren Herzen bewahren.

Weihnachten in meiner Kinderzeit

Ich erinnere mich gerne an meine Kindertage zurück,
an den Zauber der Weihnachtszeit und das kindliche Glück,
an das nervöse Kribbeln und Grummeln im Magen,
denn ich musste jedes Jahr ein Gedicht aufsagen.

Ohne Gedicht gab es leider keine Geschenke,
das musste damals jedes Kind bedenken.
Und wenn eines übers Jahr nicht brav gewesen ist,
bekam es das an Weihnachten zu hören und zu spüren gewiss.

Unser Vater holte aus dem Wald einen Tannenbaum,
nicht immer so gerade gewachsen und schön wie im Traum,
aber für uns Kinder war er jedes Jahr wunderbar,
das schönste und fabelhafteste Exemplar.

Der Baum wurde in der guten Stube aufgestellt
und weil uns fehlte für teuren Christbaumschmuck das Geld,

haben wir Sterne gebastelt und Lametta geschnitten
und uns ums Aufhängen der schönen Sachen gestritten.

Später haben die Eltern den Baum noch weiter behangen
mit selbstgebackenen Lebkuchen und Zuckerstangen,
mit leuchtend roten Äpfeln und ein paar Kerzen,
sie taten das für uns mit Liebe und aus vollem Herzen.

Am Heiligen Abend knieten wir Geschwister aufgeregt vor dem Schlüsselloch in der Hocke
und warteten sehnsüchtig auf das Läuten der weihnachtlichen Glocke.
Erst dann durften wir die gute Stube betreten,
im Hintergrund lief Weihnachtsmusik mit Geigen und Trompeten.

Und als wir endlich vor dem schönsten Christbaum standen,
kam der Weihnachtsmann in seinem roten Gewande
und brachte mir meine Puppe, die ich seit einiger Zeit vermisst,
in neuem Kleid und Mantel, wie es für den Winter angemessen ist.

Mein Bruder bekam einen Traktor aus hellem Holz
und zeigte ihn mit rotem Gesichtchen voller Stolz.
Daran hatte der Vater des Nachts gewerkelt und gesägt
und sich nur für wenige Stunden schlafen gelegt.

Heute weiß ich, dass meine Mutter in den späten Abendstunden,
für meine Puppe strickte und nähte, deshalb war sie verschwunden.

Wir hatten damals nicht viel, waren eigentlich sogar arm und trotzdem hatte die Weihnachtszeit ihren ganz besonderen Charme!

Die Engelsbotschaft

Die beschauliche Adventszeit begann eigentlich wie immer,
auf der ganzen Stadt lag seit Tagen ein festlicher Schimmer.
Die Menschen liefen geschäftig auf den Straßen umher,
den Marktplatz schmückte ein Baum im farbenfrohen Lichtermeer.

Und plötzlich erschien mir ein Engel in leuchtender Gestalt,
wunderschön schwebte er vor mir über dem Asphalt.
Er sprach:
»Du hast es gut, lebst auf Erden in Saus und Braus,
doch denk auch an die Armen und öffne ihnen dein Haus!«

Am nächsten Abend hat mich in der Finsternis ganz sacht
derselbe schillernde Engel aus heiterem Himmel angelacht.
Dieses Mal sprach er:
»Du hast es gut, hast eine Familie und bist nicht allein auf Erden hier,
doch denk auch an die Einsamen und öffne ihnen deine Tür!«

Und am dritten Abend, ich wartete schon ganz gespannt,
erhellte der Engel die Nacht wie ein funkelnder Diamant.

Er sagte:
»Dir geht es gut, doch viele Menschen vergehen vor Schmerz,
denk auch an die Kranken und öffne ihnen dein Herz!

Gib diese drei Botschaften an möglichst viele Menschen weiter,
ich unterstütze dich dabei gern als unsichtbarer Begleiter.
Je mehr Herzen und Gedanken wir auf diese Art erreichen,
umso eher wird Hass und Zorn wieder der Nächstenliebe weichen.«

Der kranke Weihnachtsmann

Der kleine Rudi liebte das Weihnachtsfest über alles und hatte mit seinen sieben Jahren logischerweise schon einige davon erlebt. Besonders mochte er natürlich den Besuch des Weihnachtsmanns und die mitgebrachten Geschenke. Man kann sagen, er pflegte einen guten Kontakt zum Weihnachtsmann, schrieb oder malte ihm jedes Jahr einen Wunschzettel, sagte ihm artig ein Gedicht auf und bedankte sich per Händedruck und einem angedeuteten Diener für die schönen Geschenke. Am liebsten hätte er auch noch die Telefonnummer des Weihnachtsmanns gewusst, um den Kontakt auch zwischendurch nicht abreißen zu lassen. Rudi dachte, es könnte sicher nicht schaden, sich hin und wieder in Erinnerung zu bringen und den Weihnachtsmann freundlich nach seinem werten Befinden zu fragen. Aber die Telefonnummer hatte er bisher leider noch nicht herausgefunden.

Natürlich wusste Rudi auch darüber Bescheid, dass der Weihnachtsmann die Kinder während des ganzen Jahres beobachtete und nur artige Kinder Geschenke bekamen. Na ja, so eine kleine Notlüge oder ein kleiner Ausrutscher im Benehmen war schon mal drin, aber bei ernsthaften Bosheiten kannte der Weihnachtsmann kein Pardon.

Rudi hielt sich daran und war stets zur Stelle, wenn jemand Unterstützung brauchte. Wenn seine Mama mit Kopfschmerzen auf dem Sofa lag, deckte er sie mit der rosafarbenen Kuscheldecke zu, brachte ihr etwas zu trinken und flüsterte, während er ihr sanft über die Stirn strich: »Ruhe dich aus, Mama, ich bin nebenan und spiele extra leise. Wenn du etwas brauchst, kannst du mich gerne rufen, ich komme dann sofort!« Und was er versprach, das hielt er auch.

Wenn Rudi seine Uroma besuchte, war er noch aufmerksamer. Schließlich war sie mit ihren 80 Jahren schon eine alte Dame und in so gehobenem Alter war besondere Vorsicht geboten. Er sagte: »Uroma, wenn du Hilfe brauchst, kannst du ruhig mit deinem Stock auf den Boden klopfen oder mit den Füßen trampeln, dann komme ich sofort. Aber Uroma, mache das bitte wirklich nur im Notfall, verstehst du?« Uroma verstand.

Auch bei den hauswirtschaftlichen Tätigkeiten machte Rudi sich gerne nützlich. So lud er die Wäschewanne mit Uromas frisch gewaschener Wäsche in seinen Anhänger und fuhr mit seinem kleinen Traktor bis zu den Wäscheleinen am Rande des Grundstücks. War die Wäsche trocken, fuhr er sie wieder bis vor die Haustür und trug sie bei Bedarf auch noch die Treppe hoch.

Liebend gerne unterstützte Rudi auch seinen Opa bei Tätigkeiten, die sogenannte Männersache sind. Als die Apfelernte an der Reihe war, hielt Opa die rote Trittleiter fest und Rudi pflückte alle Äpfel ab, an die er heranreichte. Als er nach getaner Arbeit von der Leiter stieg, klopfte er Opa auf die Schulter und sagte mit männlichem Unterton in der Stimme: »Danke, Kumpel, dass du die Leiter so gut für mich fest gehalten hast.«

Was der kleine Rudi aber besonders liebte, war, bei seinen Großeltern zum Essen eingeladen zu werden. Anfangs hatte Oma ihn gefragt: »Mein lieber Rudi, darf ich dich heute zum Essen einladen?«, worauf Rudi geantwortet hat: »Wie könnte ich da Nein sagen? Die Einladung nehme ich natürlich gerne an.« Irgendwann sagte er: »Oma, falls du vor hast, mich heute wieder zum Essen einzuladen, sage ich jetzt schon mal Ja!« Natürlich half er seiner Oma auch bei den Vorbereitungen wie Kartoffeln schälen und Gemüse putzen.

Man kann also durchaus sagen, Rudi arbeitete das ganze Jahr über hart daran, zu Weihnachten schöne Geschenke zu bekommen.

So war es auch in diesem Jahr. Er hatte rechtzeitig seinen Wunschzettel geschrieben und auch nette Grüße an den Weihnachtsmann und seine Helfer nicht vergessen.

Und dann war er endlich da, der Tag aller Tage, der Heiligabend. Rudi legte trotz seines jugendlichen Alters zu solchen Anlässen großen Wert auf gepflegte Kleidung. Sein Markenzeichen war es, zu Festtagen eine schicke Hose, ein Hemd mit passender Krawatte, einen grau-schwarz-karierten Herrenhut und braune, glänzende Herrenschuhe zu tragen. Manchmal, wenn ihm irgendwie festlich zumute war, ging er auch so in die Schule. Anfangs schauten seine Mitschüler und Lehrer skeptisch, irgendwann gewöhnten sie sich aber daran.

Der Tag des 24. Dezember verging, langsam wurde es dunkel. Rudi schaute mit Sorgenfalten auf der Stirn aus dem Fenster. Nicht eine einzige Schneeflocke war in den letzten Tagen vom Himmel gefallen. Wie sollte da der Weihnachtsmann mit seinem Rentierschlitten landen? Wenn die glatt polierten Kufen auf den rauen Asphalt träfen, gäbe es wahrscheinlich ein kreischendes Geräusch, dann würden Funken fliegen und womöglich würde der Weihnachtsmann mitsamt den Geschenken unsanft auf der Straße landen. Das Durcheinander mochte sich Rudi wirklich nicht vorstellen. Aber vielleicht hatte der alte Herr sich ja auch vorher den Wetterbericht angeschaut und war wegen Schneemangels vorsichtshalber auf die Bahn umgestiegen. Ja, das schien Rudi eine gute Lösung zu sein. Die Sorgenfalten auf seiner Stirn glätteten sich langsam wieder.

Um die Wartezeit zu verkürzen, beschloss er, in seinem Zimmer im Obergeschoss noch mal nach dem Rechten zu sehen. Er beauftragte seine Eltern eindringlich, ihn sofort zu rufen, sollte der Weihnachtsmann auftauchen. Die Betonung lag auf »sofort«!

Nachdem er sich in seinem Zimmer umgesehen und noch ein paar kleine Spielsachen weggeräumt hatte, stellte er sich vor den großen Spiegel im Flur, rückte Hut und Krawatte noch einmal gerade und polierte mit einem alten Socken seine Schuhe.

In dem Moment rief sein Vater von unten aufgeregt: »Ruuu-uudi!«

»Das gibt's doch nicht!«, sagte er zu Rudi, der eilig die Treppe hinab gelaufen war. »Mama und ich waren nur einen Moment im Esszimmer und haben den Tisch gedeckt. Als wir wieder ins Wohnzimmer kamen, lagen die Geschenke hier!«

Rudi schaute ratlos von seinem Vater zur Mutter und wieder zurück. So viel Verlass war also auf seine Eltern. Hatte er nicht ausdrücklich gesagt, sie sollten aufpassen und ihn sofort rufen, wenn der Weihnachtsmann kam? Und nun das! Wenn man sich nicht selbst um alles kümmerte. Na ja, immerhin lagen Geschenke unter dem Weihnachtsbaum. »Das ist ja schon mal was«, dachte Rudi. Als er näher heran ging, sah er einen geheimnisvollen Brief auf den Geschenken liegen, auf dem in Schnörkelschrift sein Name stand. Vorsichtig nahm er ihn, setzte sich auf die Sofakante und begann laut zu lesen:

Lieber Rudi!

In diesem Jahr läuft leider alles etwas anders als sonst. Da ich kurz vor dem Weihnachtsfest krank geworden bin und einige Tage das Bett hüten musste, bin ich ein wenig in Stress geraten.

Weißt du, Rudi, ich habe sehr, sehr viele Kinder auf der ganzen Welt zu beschenken und natürlich möchte ich keines davon vergessen und enttäuschen, auch dich nicht. Jedoch fehlt mir nun die Zeit, jedem Kind persönlich seine Geschenke zu überreichen. So haben meine lieben Helfer mich dabei unterstützt, alle zu verteilen.

Ich kenne dich ja nun schon recht lange und weiß, dass du ‚Rudi, Verständnis für meine Situation hast. Du bist ein toller Junge und es freut mich sehr, wenn ich beobachte, dass du immer bereit bist, anderen Menschen zu helfen. Mach nur weiter so! Deine Eltern können mächtig stolz auf dich sein!

Bis zum nächsten Jahr!

Der Weihnachtsmann

Rudi legte den Brief beiseite und schaute seine Eltern nachdenklich an. »Der arme Weihnachtsmann!«, sagte er. »Ich glaube, ich schreibe ihm sofort zurück. Das wird ihn sicher freuen.«

Er schrieb:

Lieber Weihnachtsmann,

es tut mir sehr leid, dass du krank geworden bist. Aber mache dir keine Sorgen, dass du deswegen nicht persönlich zu mir kommen konntest. Obwohl ich mich natürlich auf dich gefreut habe. Schließlich haben wir uns ein ganzes Jahr lang nicht gesehen.

Wenn du noch mal in so eine Verlegenheit kommst, Weihnachtsmann, rufe mich einfach an. Ich könnte den Anhänger an meinen Traktor hängen und damit die Geschenke an die Kinder verteilen. Du weißt ja, ich bin immer zur Stelle, wenn jemand Hilfe braucht. Also warum nicht auch für dich?

Es grüßt dich von ganzem Herzen,

Dein Rudi

Mit sich und der Welt zufrieden faltete Rudi den Brief zusammen und steckte ihn in einen Umschlag. Morgen würde er ihn abschicken. Aber jetzt war es erst einmal an der Zeit, die Geschenke auszupacken.

Die Heiligen Drei Könige / Dreikönigstag

Woher stammten die Heiligen Drei Könige?
Aus dem Morgenland.

Als was wurden sie noch bezeichnet?
Als die drei Weisen aus dem Morgenland.

Wie hießen die Heiligen Drei Könige?
Caspar, Melchior und Balthasar.

Als was waren sie vermutlich tätig?
Als Sterndeuter, heute würde man sie als Astrologen bezeichnen.

Was beobachteten die Heiligen Drei Könige zur Weihnachtszeit?
Das Aufgehen eines neuen Himmelssterns mit einem hell leuchtenden Schweif.

Was kündigte der Stern an?
Die Geburt eines Königs.

Wohin führte der Stern die Heiligen Drei Könige?
Nach Bethlehem.

Wann wird der Dreikönigstag gefeiert?
Am 6. Januar, dem Tag, als die Heiligen Drei Könige am Stall in Bethlehem ankamen, um den neugeborenen König mit großer Freude zu begrüßen.

Welche Gaben brachten die drei Weisen dem Jesuskind mit?
Gold, Weihrauch und Myrrhe.

Was symbolisierten Gold, Weihrauch und Myrrhe?
Gold war damals als würdiges Geschenk für einen König angesehen, Weihrauch war ein angemessenes Geschenk für einen Priester und Myrrhe galt als Heilpflanze und somit als passendes Geschenk für einen Heiler.

Welche Tradition der Heiligen Drei Könige gibt es heute noch?
Die Sternsinger.

Wie ist diese Tradition entstanden?
Die ersten Sternsinger zogen im 16. Jahrhundert von Tür zu Tür. Die Schulkinder wurden von ihrem Lehrer begleitet und klopften an die Türen, um den Menschen die Geschichte von Jesus Christus vorzusingen. Anschließend wurde das Haus mit einem an die Tür gemalten Kreuz gesegnet. Zum Dank erhielten die Kinder Nüsse und Äpfel.

Wie wird diese Tradition heute weitergeführt?
Auch heute gehen Jungen und Mädchen als die Heiligen Drei Könige verkleidet von Tür zu Tür, singen und sammeln Spenden für in Not geratene Kinder. Um das Haus zu segnen und die darin lebenden Menschen vor Schaden zu bewahren,

schreiben die Sternsinger die jeweilige Jahreszahl an die Tür, in deren Mitte sie die Buchstaben C, M und B einfügen.

Was bedeuten die Buchstaben C, M und B?
Einerseits stehen die drei Buchstaben für »Christus mansionem benedicat«, was »Christus segne dieses Haus« bedeutet. Andererseits könnten sie auch für die Namen Caspar, Melchior und Balthasar stehen.

Wie heißt ein bekannter Kuchen, der traditionell extra für den 6. Januar gebacken wird?
Es ist der Dreikönigskuchen. Er wird von Land zu Land mit unterschiedlichen Rezepturen gebacken, es gibt aber eine Gemeinsamkeit: In den Kuchen wird ein Glücksbringer in Form einer Mandel, Münze, Bohne oder Porzellanfigur eingebacken. Derjenige, der diesen Glücksbringer findet, darf für einen Tag der Familienkönig sein.

Die Schneeballschlacht

An einem Wintertag vor vielen, vielen Jahren,
bin ich am Morgen frohen Mutes erwacht
und fragte mich: »Was wird mir heute widerfahren,
welche Abenteuer kommen für mich in Betracht?«

Ich schaute aus dem Fenster und staunte nicht schlecht,
draußen glitzerte alles wunderschön in weißer Pracht.
Das kam meinen Freunden und mir gerade recht,
dieses Wetter schrie nach einer Schneeballschlacht.

Wir trommelten alle zusammen und schlüpften im Nu,
in eine dicke Jacke, Mütze, Handschuh und Schal,
in warme Socken und ein derbes Paar Winterschuh,
die sahen nicht gut aus, aber wärmten kolossal.

Schon ging es los, wir liefen ein paar Schrittchen,
sprangen übermütig in das kalte Weiß,
packten einander von hinten beim Schlafittchen
und rieben uns ins Gesicht eine Hand voll Eis.

Die Schneebälle flogen hin und her wie im Gefecht,
man konnte vor lauter Schnee kaum etwas sehen.
Im Werfen waren wir alle wirklich nicht schlecht,
es war ein wildes, lautes und spaßiges Geschehen.

Doch dann ist die Situation uns plötzlich entglitten,
wir haben wohl über die Stränge geschlagen.
Mein Gesicht hat ein dicker Winterschuh geschnitten,
ich kippte aus den Latschen, ohne noch etwas zu sagen.

Reglos und völlig verdattert lag ich im glitzernden Schnee
und prüfte in Gedanken meine Befindlichkeit.
Ich dachte: »Um Gottes Willen und ach herrje,
bleib ich hier liegen, bin ich morgen früh eingeschneit!«

Die anderen standen um mich herum und starrten mich an,
ich neigte damals dazu, manches zu dramatisieren.
Ich fragte: »Wer von euch hat mir dieses Leid angetan,
warum müsst ihr denn immer mein Äußeres demolieren?«

Die Kati sprach: »Ich war es, die dich niedergestreckt,
habe mich mit der Entfernung verschätzt,
so hatte mein Sprung leider einen anderen Effekt,
als es geplant war, bist du schwer verletzt?«

Ich nickte leidend und fing an zu klagen:
»Dir habe ich also diese Schmerzen zu verdanken,
dann kannst du mich jetzt nach Hause tragen,
ich kann sicher nicht laufen, ohne zu schwanken.«

Zu Hause schaute ich voll Entsetzen in den Spiegel,
sah mitten im Gesicht einen riesigen, blauen Zinken,
ich rief: »Darauf gebe ich euch Brief und Siegel,
den kann man noch nicht einmal überschminken.«

Am nächsten Morgen waren beide Augen zugeschwollen,
rundherum sah es aus wie eine Brille in himmelblau,
das nächste Mal würde ich etwas weniger rumtollen,
das wusste ich nach dieser Schneeballschlacht sehr genau.